AF367812

# PRÉCIS

## DES VOYAGES

### PAR LE PÔLE NORD.

C.

PRIX { avec la Carte.. 3. 50
      sans la Carte.. 2. 50

IMPRIMERIE DE DONDEY-DUPRÉ.

# PRÉCIS
# DES VOYAGES

ENTREPRIS

POUR SE RENDRE PAR LE NORD

## DANS LES INDES,

ET DES LOIS PHYSIQUES A CONSULTER

Pour le succès des Navigations ultérieures ;

LUS EN DIVERSES SÉANCES DE LA SOCIÉTÉ PHILOTECHNIQUE,

Par M<sup>r</sup>. CADET DE METZ,

Membre résident de cette Société.

## A PARIS,

Chez
L'AUTEUR, rue St.-Louis, n°. 44, au Marais.
SEGUIN, Libraire, rue de Savoie, n°. .
BEAUCÉ-RUSAND, Libraire, abbaye St.-Germain.
DONDEY-DUPRÉ, Imprimeur de l'ouvrage, rue Saint-
Louis, n°. 46, au Marais, et rue Neuve St.-Marc, n°. 10.
Et chez les Marchands de Nouveautés.

1818.

# PRÉCIS DES VOYAGES

ENTREPRIS

POUR SE RENDRE PAR LE NORD

## DANS LES INDES.

De nouveaux phénomènes se sont passés dans le Nord ; des montagnes de glaces flottantes, vues loin de leurs régions ordinaires, doivent laisser plus libre qu'elle ne l'était depuis long-tems, la vaste carrière des mers arctiques. Certain d'attirer les regards de la Terre et d'inspirer un honorable intérêt, tout homme avide de gloire, de sciences ou de richesses, peut se présenter pour courir cette carrière ; et celui qui le premier la fournira, verra son nom écrit en caractères ineffaçables dans les fastes brillans du Monde.

Navigateurs français ! le plus savant, le plus fameux de tous ceux dont l'histoire des premiers voyages nous a transmis le souvenir, Pytheas était de l'antique ville de Marseille. Osez marcher sur ses traces ; que d'autres tentatives ne vous dé-

couragent pas ; son génie peut encore vous inspirer : il eut une grande puissance. Un préjugé
vulgaire lui présentait, vers les pôles, des gouffres engloutissant tout ce qui s'en approchait ; il
le méprisa pour se confier aux encourageantes
lumières d'une philosophie, qui lui montraient
successivement des jours et des nuits de six mois ;
et dirigeant sa course vers les mers appelées *con-
crètes*, il y fit des découvertes qui changèrent en
certitude, les doutes que l'on osait à peine laisser
entrevoir sous le voile de la mythologie. Ainsi
que lui, vous avez à surmonter l'opinion commune : elle fait envisager les glaces du pôle arctique comme des bornes imposées aux indiscrètes
tentatives des investigateurs ; mais, d'un autre
côté, la voix des siècles proclame la communication des deux Océans par ce pôle ; des faits nombreux, que l'ambition ou la politique ont vainement tâché de faire oublier ou de dissimuler,
confirment ce qu'elle n'a cessé d'annoncer ; et
mettant à profit la leçon des tems, vous pouvez
suivre une marche hardie, mais assurée, que
seconderont encore les lois de la nature.

Puissé-je obtenir et mériter votre attention, en
vous parlant dignement des traditions sur la possibilité du passage, des faits qui le rendent probable, et des lois physiques qui paraissent en assurer le succès !

*La voix des siècles proclame la communication des deux Océans par le pôle arctique.*

Deux siècles avant celui de la plus grande illustration de la Grèce, Onomacrite faisait passer par l'Océan septentrional ou de Saturne, les Argonautes revenant dans leur patrie. Pour rappeler les mêmes idées, Antoine Diogène composa, trois siècles après Onomacrite, un roman dont les héros voyagent dans le pôle arctique ; et si l'on réfléchit à ce que l'auteur de la tragédie de Médée veut faire entendre, lorsqu'un de ses chœurs chante la fameuse prédiction :

> . . . . . . . . *Venient annis*
> *Sæcula seris, quibus Oceanus*
> *Vincula rerum laxet, et ingens*
> *Pateat tellus, Tiphisque novos*
> *Detegat orbes, nec sit terris*
> *Ultima Thule.*
>
> Luc. Ann. Senec. Trag. p. 159.

Si l'on réfléchit, disons-nous, au sens de ces dernières expressions, on concevra qu'il s'agit de terres au-delà de Thulé, et conséquemment des régions polaires. Thulé, en effet, ne peut pas être, comme l'a prétendu Forster, le Schetland qui n'a pas des jours de vingt-quatre heures, qui

n'a pas une étendue comparable à celle de la Si-
cile; mais le Groënland qui , sous ces divers
rapports , semble rappeler Thulé. En se rap-
prochant du moyen âge, on y trouve encore
les mêmes opinions : Macrobe reprend Héro-
dote, parce qu'il avait avancé que la mer de
Scythie se glaçait par la rigueur du froid. Appuyé du sentiment des physiciens de son siècle,
le judicieux critique de l'historien assure que par-
tout où l'Océan ne reçoit pas d'eaux fluviatives
qui surnagent au-dessus des siennes , il ne cesse
pas d'être navigable.

*Tradition long-tems soutenue par la conviction
raisonnée des savans.*

Cet auteur pensait donc que les mers arctiques n'étaient pas impraticables. Albuziel rappela ces souvenirs dans le neuvième siècle , Tu-
delle dans le douzième. Cependant ces anciennes
théories n'avaient fait naître, si ce n'est dans
le septième siècle en Tartarie , et dans les neuvième et onzième en Norvège, aucun projet
de naviguer dans les mers du pôle arctique,
lorsque le génie de Christophe Colomb, aug-
mentant la sphère des idées proportionnellement

à la grandeur de sa découverte, amena, d'une analogie à l'autre, les esprits à croire que la zone arctique n'était pas moins accessible à l'audace humaine que les autres parties de l'Océan, si long-tems crues impénétrables.

Jean Cabot obtint en 1497 un navire pour chercher, par le Nord, un passage à la Chine. Bientôt cette idée prit faveur ; et l'on a vu successivement tous les états de l'Europe ordonner, comme à l'envi, pour la recherche de ce passage, des armemens qui du moins annonçaient la persuasion de la possibilité du succès. Un de nos savans, dont le sentiment fait autorité, Maupertuis, craignant que l'inutilité des tentatives récentes ne décourageât les gouvernemens, publia des observations pour établir la probabilité du passage, et pour exciter les puissances à consacrer à sa recherche deux ou trois vaisseaux chaque année.

La série des traditions sur son existence a donc été continue depuis des siècles très-reculés jusqu'à nos jours ; et c'est une maxime aussi ancienne que vraie, dit Ellis, que les opinions fausses, quoiqu'en apparence fondées, ne se soutiennent que très-peu de tems, et que la vérité subsiste toujours.

Mais, dira-t-on aux investigateurs, pourquoi s'engager dans des mers où la théorie peut à chaque instant être mise en défaut ? Il y a de la témérité à vouloir pénétrer dans des climats que la nature nous a fait voir jusqu'à présent environnés d'effrayantes limites, et qui menacent de frapper d'un froid mortel l'audacieux qui veut s'en approcher. Interrogez le négociant inquiet sur la probabilité de ses retours ; écoutez le navigateur accoutumé à franchir, vers le pôle austral, le cap de l'Afrique ou celui de l'Amérique ; leur prudence vous conseillera d'abandonner ce dessein d'une folle ambition, et de suivre dans les plages fréquentées, l'ordre établi, les méthodes reçues, et les opérations ordinaires et lucratives du commerce.

La prévention, vous dirai-je après ces hommes pusillanimes et routiniers, semble être le principe plutôt que le sentiment de ces réflexions, et l'homme d'état, comme le philosophe, envisagera d'un autre œil ces régions que la providence n'a pas vainement éclairées d'un jour de six mois. L'homme d'état, pour vous encourager, vous aidera des moyens publics. Il ne se rebute pas de quelques revers, tant qu'appuyé de l'observation et de la vraisemblance, il conserve l'espoir d'atteindre un but utile et honorable : le philosophe vous livrera tous les fruits de ses études ; certain que dans la chaîne des événemens, la sagacité de l'homme peut accélérer l'époque de ceux qui doivent ajouter aux jouissances de ses semblables ; loin de décider qu'une entreprise manquera, parce que jusqu'alors l'expérience n'a pas été favorable ; pénétré de respect pour les vues des gouvernans jaloux de s'élever au-dessus des préjugés , autant que de se maintenir sous les lois ; persuadé qu'ils ne prennent de résolutions qu'à la suite de combinaisons réfléchies , il indiquera les moyens de surmonter les obstacles ; et s'il ne peut en dissimuler le nombre , il parlera de la gloire de s'en rendre maître.

S'il ne se fût trouvé à la tête des nations, des génies assez élevés pour adopter ou concevoir ces projets hardis, dont l'exécution étonne encore l'univers ; s'ils n'eussent rencontré dans ceux qu'ils en ont chargés , la docilité , le nerf et le courage nécessaires pour opérer les grandes révolutions qui ont changé toutes les spéculations commerciales , multiplié les travaux industriels , et rendu les hommes meilleurs, en les occupant pour leur utilité commune ; le plus grand nombre serait encore, ainsi qu'autrefois, de vils esclaves ou des serfs , et l'histoire du monde n'offrirait que la répétition monotone de la révolte de l'intérêt privé contre le droit commun , dans le cercle étroit des mêmes idées et des mêmes faits. A peine en trouverions-nous pour démontrer que l'on s'est occupé du passage , tandis que nous pouvons réunir une série de tentatives qui rendent sa possibilité très-probable. On va le voir dans la seconde partie de cet ouvrage.

En rappelant ces faits, il n'aurait pas été difficile de les placer en autant de cadres qu'il y avait de nations auxquelles ils semblent appartenir ; mais cette méthode, exposant à la confusion des dates, n'aurait montré ni de quel secours les premières tentatives avaient été pour les subséquentes, ni le progrès des lumières ; et ce ne sera pas sans intérêt que l'on remarquera dans leurs rapports avec les corps politiques, qu'elles n'en font qu'une famille unique, et que les obstacles sont impuissans pour s'opposer à la marche lente et sûre qu'elles suivent pour répandre leurs bienfaits et pour les généraliser.

## FAITS

### QUI RENDENT PROBABLE LA POSSIBILITÉ DU PASSAGE.

*Navigations faites avant le dix-septième siècle pour la découverte du passage.*

D'après les seuls monumens historiques du Nord, et même sans l'appui de ceux de la minéralogie, on est suffisamment autorisé à donner

( 15 )

comme un fait très-positif, que les parages du
Spitzberg, de la Nouvelle-Zemble et du Groënland, offrant, dans les tems reculés, un climat
comparable à celui de nos régions tempérées (1),
et plusieurs archipels abondans en cétacées, étaient,
beaucoup plus qu'ils ne le sont de nos jours,
connus et fréquentés par les peuples septentrionaux de l'Europe et de l'Asie. Cependant, loin
de rappeler ces monumens, on reléguera, même
avec les titres purement fastueux, celui du roi
de Norvège, Haagen (2), prince dont la puissance était présumée toucher le pôle, parce que
les Norvégiens consentirent en 1261 à se voir,
en cas de meurtre, poursuivis jusqu'au point
qui correspond à l'axe terrestre. Mais on ne peut
se dispenser, voulant mentionner au moins tous
les voyages entrepris pour la recherche du passage, de citer les navigations que les historiens
de Norvège rappellent comme ayant été faites par
la mer Glaciale.

Torfé admet celles de Hedin, de Sothius et

---

(1) Dans les contrées septentrionales, il y avait autrefois
beaucoup de volcans dont la chaleur rendait le climat propre
aux animaux et aux végétaux que l'on ne trouve plus que dans
les zones tempérées. Cette assertion cessera de surprendre, en
se rappelant que les volcans des Cordilières donnent une chaleur sensible jusqu'à 25 et 30 lieues autour de leurs cratères.

(2) Histoire du Groënland. pag. 2.

d'Arnanus, fils d'un Rodian, roi de Tartarie. Le voyage du fils de Rodian, regardé comme certain, est du septième siècle. Alfred-le-Grand aura puisé dans la tradition de ces navigations, l'idée de la commission qu'il donna en 873, au norvégien Osher, de traverser le pôle pour se rendre aux Indes Orientales.

La nullité de cette navigation pour la découverte, n'empêcha pas Haroold, prince de Norvège, de faire, deux siècles après, une même tentative, et de s'aventurer même beaucoup plus loin qu'Osher. Magnus, autre prince de la même nation (1), quelques années ensuite, marcha sur leurs traces. Aucun d'eux n'a découvert le passage; mais il était glorieux d'oser le chercher, et leur courage n'a pas été inutile à leur nation, puisqu'ils ont étendu les limites de ses pêcheries.

Ceux des investigateurs que l'on mentionnera prochainement, outre l'espoir de procurer à leur patrie le même avantage, avaient un puissant motif d'encouragement. Colomb venait d'être créé grand d'Espagne.

1521. — *Suède*. — WALKENDORFF. N. O.

Sans prétendre à de telles distinctions, puisque, dans son ordre, il en avait d'équivalentes, Wal-

----

(1) Peripl. Osher, préf. 900.

kendorff, archevêque de Drontheim , fut le premier Suédois qui fit équiper un bâtiment pour
faire la recherche du passage ; mais comme ce
prélat voulait un privilège exclusif de dix ans ,
son projet n'eut pas de suite.

1524. — *Espagne*. — GOMEZ. N. O.

Celui que Cortez fit exécuter par Gomez de la
Corogne en 1524, eut du moins des succès fort
intéressans : on lui dut la découverte de la Californie, pays inconnu jusqu'alors. Cette navigation avait été approuvée par Charles-Quint.

1541. — *France*. — ROBERVAL. N.

Roberval, commandant au Canada pour le
roi de France, aura sans doute eu pareillement
l'approbation de son prince, lorsqu'en 1541 il
fit partir Alphonse de Xaintonge pour rechercher, par le pôle, un passage dans la mer du
Sud. Les glaces l'obligèrent à revenir ; et l'on n'a
fait connaître ni l'époque de son départ, ni celle
de son retour.

Dans ces trois projets, le détroit était supposé
soit au nord, soit au nord-ouest ; et la première
idée de le découvrir par le nord-est , vint à l'imagination de Sébastien Cabot.

1553. — *Angleterre*. — WILLONGBY. N. E.

L'exécution de son plan fut confiée par le ministère anglais à Willongby (1). Trois vaisseaux partirent sous ses ordres le 10 mai. Séparés quelques jours après par une tempête, l'un revint en Angleterre ; Willongby fut poussé *vers le nord-ouest*, d'abord à 70° de latitude, près d'une terre qu'il crut être une île, et huit jours après il découvrit un vaste pays inculte : était-ce le Spitzberg? était-ce le Groënland? il ne put le dire, quoiqu'il eût envoyé dans l'intérieur des explorateurs qui, sans y remarquer une seule trace d'hommes, y virent beaucoup d'ours, de rennes et de renards. Un air glacé l'obligea de se rabaisser au sud; et l'année suivante, son bâtiment, son journal, et son corps debout contre son timon et gelé, comme ceux de tous ses compagnons, furent trouvés aux bords de l'Arsina, rivière de la Laponie russe.

Il est à remarquer dans ce voyage, que l'on est porté fort promptement vers le nord-ouest, quoique avec l'intention d'aller au nord-est, et qu'après une longue navigation, l'examen d'une île, celui d'un grand pays et la reconnaissance de deux bons ports, ce qui nécessairement a conduit jusqu'au 21 juin, *on redescend facilement vers le Sud* (2). Mais suivons le troisième bâtiment.

---

(1) Voy. Brit. Orient. Ind. XIII. Theil. pag. 124.
(2) Thuan. hist. tom. 5, pag. 448.

Après avoir couru les mêmes dangers, et chassé par les mêmes vents qui maitrisèrent Willongby, il entre dans la Dwina, pénètre par ce fleuve jusqu'à des établissemens russes, et devient le fondateur de ceux du commerce de l'Angleterre avec la Russie (1).

1556. — *Angleterre*. BURNOW. N. E.

Malgré le triste début de Willongby dans les mers polaires pour y trouver un passage, Etienne Burnow n'en fut pas moins ardent à suivre, trois ans après, le même projet, et toucha pareillement à des terres fort étendues : les uns crurent que c'était la Nouvelle-Zemble ; les autres, malgré la distance des deux pays, la prirent pour le Groënland ou la Terre-Verte (2) ; tant les notions géographiques étaient encore incertaines dans le milieu du seizième siècle ! Le voyage de Burnow ne diminua ni les doutes ni les espérances.

Elles se ranimèrent au contraire dès qu'Elisabeth fut montée sur le trône d'Angleterre. Instruite par les malheureuses aventures de sa fa-

----

(1) *Id.* Suppl.

(2) La Nouvelle-Zemble et le Groënland sont deux attérissemens formés des dépôts des grands fleuves des continens de l'Amérique et de l'Asie. La mer, en repoussant ces débris au moment où les fleuves les y portent, y ajoute ses productions, telles que des madrepores, des coquillages, des varechs, et jusqu'à des poissons.

2

mille, par les siennes, par ses études, portée naturellement à courir les chances des grands évé-nemens, ambitionnant surtout la renommée, elle adopta les propositions que lui soumit Forbisher pour la recherche, par le nord - ouest, d'une communication de la mer du Nord à l'Océan Pacifique.

## 1576. — *Angleterre*. — FORBISHER. N. O.

Ce capitaine partit le 18 juin 1576 avec trois vaisseaux. A 63° de latitude, il découvrit un dé-troit auquel il donna son nom ; mais les glaces, les neiges et les maladies de l'équipage le forcè-rent d'abandonner ses recherches, et de faire voile pour l'Angleterre. Ses explorateurs avaient vu des hommes de couleur basanée, ayant les cheveux noirs et le nez applati. Ce qu'ils lui rap-portèrent sur la richesse du pays, le déterminè-rent à revenir l'année suivante, 1577, dans les mêmes parages ; il y chargea beaucoup de pierres qu'il prenait pour du riche minérai ; son erreur fut reconnue à Londres où ces pierres, soumises à l'essai, ne rendirent aucun métal. Cette expé-dition fit connaître à la reine que Forbisher était plus propre aux combats qu'aux recherches, et pour ce dernier objet, elle le fit remplacer par le chevalier Drack.

1578. — *Angleterre*. — DRACK. N. E.

Cet habile marin n'atteignit cette fois qu'une médiocre latitude dans le détroit de Danian ; et par le compte qu'il rendit de sa navigation à la reine qui l'écoutait avec intérêt, il assura cette princesse qu'il n'aurait pu , sans se perdre, pénétrer plus avant, ce qui ne paraît plus vraisemblable aujourd'hui : cependant le géographe Ziegler soutenait l'existence du passage ; il en avait même indiqué l'endroit sur une carte nouvelle. Aussi deux navigateurs , Arthur Pitt et Charles Jackmann, ne balancèrent pas à tenter une autre recherche à l'est.

1580. — *Angleterre*. — PITT et JACKMANN. N. E.

Ils pénétrèrent dans le détroit de Weigats ; mais les glaces les obligèrent d'en sortir de suite.

A leur retour en Angleterre, ils trouvèrent l'opinion absolument changée : pendant plusieurs années les vues s'étaient portées de préférence vers l'est, et la méprise de Forbisher en métallurgie ne diminua pas la confiance que l'on avait dans ses connaissances nautiques.

1582. — *Angleterre*. — FEUTON. N. O.

Cette confiance était telle que Feuton, se voyant en 1582 chargé d'une expédition aux Indes Orien

tales , fit insérer dans sa commission l'autorisation
de rechercher le passage par le nord-ouest, côté
que Forbisher avait indiqué. A son retour, en
effet, il se sépara de Menson pour se rendre, par le
détroit de Magellan, dans la mer Pacifique (1).
Depuis , rien n'a transpiré sur son entreprise. La
défaveur qu'elle put jeter sur les recherches ultérieures , fut avantageusement balancée par les
renseignemens que l'on tenait de Gualle qui ,
dans une des expéditions confiées à Drack , avait
commandé un des bâtimens de l'escadre. Il en
résultait qu'en faisant route dans la mer du Sud ,
à la hauteur de 56 à 57° de latitude , il avait trouvé
la mer libre jusqu'à sept cents lieues ; que les courans venaient du nord et du nord-ouest, quelque
vent qu'il fît; mais qu'à deux cents lieues des côtes
de l'Amérique, ces courans et les vagues pro-
fondes cessaient. De ces faits, et du grand nombre
de baleines qu'il avait aperçues dans les mêmes
parages , Gualle concluait que l'on était là dans
la direction du passage.

Les Hollandais aussi croyaient au passage ;
mais ils le présumaient placé dans la direction
opposée, c'est-à-dire, au nord-est, et ils l'y re-
cherchèrent aussitôt qu'ils eurent secoué le joug
de l'Espagne , qui les avait retenus occupés dans

---

(1) Recherch. Navig. de Menson.

leur pays. Kola fut, en 1578, le premier port septentrional où leur pavillon se déploya.

1583. — *Hollande*. — OLIVIER BRUNEL. N. E.

Cinq ans après, Olivier Brunel qui, pour découvrir le passage, avait suivi terre à terre la côte de Russie en 1583, y périt et fut trouvé avec son bâtiment, chargé de fourrures et de cristal de roche, sur le Petzora : affectés de cette perte, les Hollandais abandonnèrent aux Anglais la carrière des découvertes : ceux-ci ne désespéraient pas encore du retour de Fenton. Ellis croit même que le projet de ce navigateur fit naître celui de Jean Davis.

1585. — *Angleterre*. — DAVIS. N. O.

Quoi qu'il en soit, cet investigateur partit avec deux bâtimens armés par une compagnie de négocians de Londres, et le 20 juillet il découvrit un détroit auquel il attacha son nom. Le 29 du même mois, étant à 64° 15′ de latitude, il descendit sur une terre dont les habitans lui firent bon accueil. Il paraît que le premier il aborda le Groënland occidental. S'il ne passa pas d'une mer à l'autre, il obtint de si précieux renseignemens sur les pêcheries, que l'année suivante (1586) on lui confia quatre navires. Il reconnut alors par 64° 33′ de latitude, la côte opposée de l'Amérique, et dans quatre endroits, il crut apercevoir des dispositions de lieux qui indiquaient un passage. Il revint encore de ce voyage avec des documens d'après lesquels on fit des pêches qui furent très avantageuses aux nations qui s'y livrèrent.

Enfin, Davis revint encore en 1587 au même détroit de son nom, et dès *le 30 juin*, il se trouvait par 72° 12' de latitude au Groënland, sur une pointe qui fut son *nec plus ultra*. Il *revint le 30 juillet vers le sud* pour regagner l'Angleterre.

Durant ces trois voyages, les glaces avaient présenté peu d'obstacles, quoique Davis se fût avancé jusqu'au 73° de latitude.

La découverte de son détroit devait encourager les partisans de son opinion sur le passage ; aussi devint-elle le sujet de plusieurs dissertations, dans lesquelles les plus habiles cosmographes s'en déclaraient partisans. Contre leur avis, Myritius soutenait que le Groënland s'étendait jusque sous le pôle (1). Ce sentiment ne s'accordait pas

---

(1) Cette prétention n'est pas fondée : le Groënland et la Nouvelle-Zemble sont deux grands attérissemens qui doivent leur existence aux mêmes causes. Les fleuves de la Sibérie en charient des débris que la mer repousse en les étendant, parce qu'elle-même se déploie du nord au sud quand elle se meut dans cette direction. Ainsi peut s'expliquer l'origine du promontoire de la Nouvelle-Zemble et celui du Groënland. Quant

( 25 )

avec celui de Davis, qui disait même qu'il avait aperçu au-delà du Groënland la côte opposée de l'Amérique.

Presque dans le même tems, mais dans des régions bien éloignées, le capitaine Jacques Lancaster prononçait affirmativement la réalité du passage par 62° 5′ de latitude au nord de l'Amérique. Il était alors dans les parages du cap de Bonne-Espérance. Jugeait-il de l'existence de ce passage d'après les courans? Il ne l'a pas dit.

1591. — *Danemarck.* — ANSCHILD. N. O.

On voit dans les fastes chronologiques danois, qu'un certain Frédéric Anschild partit de Norvège en 1591, pour chercher une route au Japon

---

à l'isolement de ces deux terres, il s'effectue par l'affaissement successif des détrimens les plus anciennement abandonnés par les fleuves et par la mer, au moment où les flots se livrent un combat près du rivage. Cette lutte est presque continue pendant six mois, après lesquels les fleuves, durant six autres mois, versent leurs eaux dans la mer sans aucune opposition. On laisse au lecteur le plaisir de suivre la formation du Groënland par les mêmes causes: il se persuadera que ce pays ne peut toucher au pôle: les eaux, plus rares, s'y resserrent à l'approche de la saison rigoureuse; il en reçoit de nouvelles pour les répandre ensuite de tous les côtés au printems, comme les fleurs s'épanouissent insensiblement, après que la fraîcheur des nuits a fait place à la douce chaleur des jours de la belle saison.

par le détroit de Davis alors récemment découvert; qu'il entra dans celui que l'on connaît sous
le nom d'Hudson ; qu'en étant sorti , il s'éleva
au nord jusque sous le cercle polaire, sans trouver
ce passage, et qu'il fut contraint , la saison étant
trop avancée , de revenir dans cette baie pour y
passer son hivernage , après lequel il revint en
Danemarck. On ajoute que pendant cette station,
il tira des vivres des sauvages des environs, et
qu'il établit avec eux un commerce de pelleteries.

L'expédition du danois Anschild, préparée sans
éclat, se termina sans produire aucun effet; il
n'en était pas ainsi des voyages des Anglais. On
les voyait en Hollande avec un œil jaloux : on y
observait que , depuis quarante ans (1), ces intrépides marins s'étaient signalés par des expéditions
que des revers n'avaient pas empêché de multi-
plier au nord-est et nord-ouest. Ces nombreux
exemples , et le desir peut-être encore plus puissant de porter de nouveaux coups à leurs anciens
oppresseurs , excitèrent les Hollandais à suivre les
traces des Anglais.

1594. — *Hollande*. — Barentz. N. E.

Une compagnie se forma (2) : Balthasard Mou-
cherons en fut déclaré le chef. Sans peine il obtint

______

(1) Voyage de Lahoutan , pag. 11 et suiv.
(2) Voyage pour l'établissement de la compagnie.

des états-généraux la liberté d'aller chercher,
par le Nord, un passage pour se rendre à la
Chine. Trois vaisseaux furent armés; l'un en
Zéeland; son capitaine fut Cornelis Cornelis Nay,
que l'on honora du titre d'amiral; le second navire, dont l'armement se fit à Enchuisen, eut
pour commandant Brand Brands; et Guillaume
Barentz monta le troisième, qui appartenait à
la ville d'Amsterdam. Le savant Linschotten fut
chargé de tenir le journal de la navigation. Il était
enjoint aux commandans des deux premiers bâtimens de faire route vers la Nouvelle-Zemble et
la Tartarie. Barentz devait, conformément à l'avis
du cosmographe Plancius, chercher le passage
au-dessus de la Nouvelle-Zemble.

Munie de ces instructions, l'escadre partit du
Texel le 5 juin 1594, et marcha de conserve jusque
vers la hauteur de Kilduin. Là, Barentz, après
être convenu des points de ralliement, se sépara
le 29 juin. Le 25 juillet, il se trouva par 75° 25' de
latitude, à cinq ou six lieues de la Nouvelle-
Zemble. Il employa tout le reste du mois à la
côtoyer en avançant vers le Nord, jusqu'à près
de 78° de latitude. Le 31, il arriva aux îles d'O-
range par 77° de latitude; et, comme il était retenu
dans sa marche par les glaces dont l'énormité des
masses semblait prête à l'écraser, il revint le 1<sup>er</sup> août
sur ses pas. Les deux autres vaisseaux entrèrent le

même jour par le détroit de Weygats, dans la mer qui sépare la Nouvelle-Zemble des côtes septentrionales de la Russie. Leur navigation n'avait pas été moins périlleuse que celle de Barentz, surtout près du détroit où les glaces se rendaient en abondance.

On ne fut libre en pleine mer que le 9 août, après avoir dépassé l'embouchure de l'Oby. Le gissement de la côte, qui d'abord se montrait nord-est, se recourbant ensuite vers le sud-est, acheva de persuader que le passage était trouvé ; mais contrariés par les vents du nord et du nord-est, à soixante lieues au-delà du détroit, ils furent obligés d'en reprendre la route le 11 août. En la faisant, ils rencontrèrent des baleines ; ce qui les confirma qu'ils naviguaient dans l'Océan. *Secondés alors par le courant*, ils repassèrent heureusement ce détroit, et le 15, ils se réunirent à Barentz, avec qui, le 16 septembre suivant, ils rentrèrent au Texel. *Ils ne parlent plus de glaces*.

Dans cette course d'un mois, ils parcourent 60° de longitude, de l'est à l'ouest, et 18° de latitude du nord au sud. Pour naviguer aussi promptement, il fallait n'avoir à lutter ni contre les vents ni contre les courans. On reviendra sur ces détails lorsque l'on réunira les preuves des effets, simples en certains lieux, et composés

en d'autres parages, des mouvemens apparens et
des mouvemens réels de la mer.

1595. — *Hollande.* — BARENTZ.

La découverte d'une entrée dans la mer de
Tartarie par le détroit de Weygats accrut les
espérances et le zèle des Hollandais intéressés à la
recherche du passage. Ils équipèrent deux navires
dans chacun des mêmes ports d'où les premiers
étaient partis (1) ; Rotterdam voulut se distinguer en fournissant un yacht pour servir de cour-
rier. Plancius ajouta de nouvelles instructions
géographiques à celles qu'il avait rédigées pour
le premier voyage. Les mêmes navigateurs furent
employés, et Linschotten fut nommé commis-
général de l'expédition pour les états-généraux,
dont il reçut des instructions particulières.

La flotte ne partit que le 2 juillet 1595 : c'était
déjà beaucoup trop tard pour se rendre dans des
mers où les jours, dans cette saison, devenaient
courts et brumeux : aussi deux navires s'abor-
dèrent-ils dans l'obscurité le 6 août. Le 19, on
reconnut le détroit de Weygats ; mais les glaçons
y arrivaient en foule. C'était l'époque à laquelle
l'Inessy et l'Oby charient jusqu'à la mer les glaces
que leur ont amenées les avalanches qui dégradent
les vallées de la Sibérie. Ces glaçons donc entraî-

_______________

(1) Voyage au Nord, tom. 3, pag. 1 et suiv.

nés par le courant, quelquefois même contre le vent, assiégèrent de telle sorte les bâtimens, que l'on fit inutilement plusieurs tentatives pour embouquer : il fallut renoncer au détroit.

Les navigateurs apprirent des Samoyèdes que les glaces y restent souvent toute l'année; que l'hiver, le Weygats est totalement gelé; que la mer, au-delà, n'a que cinq journées d'étendue en longueur; après quoi, l'on rencontre une seconde baie formée par un cap du continent et par l'extrémité d'une île qu'ils croyaient être la Nouvelle-Zemble (1). Le grand nombre de glaçons que, dans le premier voyage, on avait rencontrés venant de l'est, paraissait confirmer ce rapport. Quant à l'expédition, l'avancement de la saison, l'opposition continuelle des glaces, déjà même le commencement de la gelée, le mécontentement enfin des équipages, qui avaient vu dévorer par un ours blanc un de leurs gens descendus à terre, firent délibérer par le conseil que l'on retournerait au Texel. On y arriva dans les derniers jours d'octobre.

Autant avaient été flatteuses les espérances conçues sur ce voyage, autant, quand elles s'évanouirent, l'éloignement pour ces sortes d'entre-

______

(1) Recueil des Voyages de la Compagnie, pag. 238, 247, 269 et 270.

prises parut absolu. Les états-généraux ne vou-
lurent plus y donner leur attache, et crurent faire
trop en ne les défendant pas. La ville d'Amsterdam, cependant, que la contrariété des rapports
avait moins abattue, profita de la faculté laissée
par les états, pour équiper deux vaisseaux ; elle
en donna le commandement aux capitaines Barentz et Ripp.

1596. — *Hollande.* — Barentz et Ripp. N. E.

Ils sortent d'Ulie le 18 mai. Dès le 2 juin, à la
hauteur de 71° de latitude, ils cessent d'être d'accord sur la route à tenir (1). La célérité de leur
marche jusqu'à ce point aurait dû néanmoins les
satisfaire. Nous le remarquons, dans l'intention
de montrer encore ici l'application des principes
annoncés sur la direction des eaux de la mer du
sud au nord avant le 22 juin, et d'une direction
opposée à partir de la même époque de juin. Le
5 de ce mois on rencontre des glaces; on ne dit
pas quelle en est la direction ; toutefois *elles n'em-
pêchent pas de naviguer :* deux jours après, on
se croit à peu de distance du Groënland : le 9,
on découvre à 74° 30' de latitude, une île que
l'on nomme *île des Ours*, en mémoire de celui

_______________

(1) Recueil des Voyages de la Compagnie, tom. 1, pag. 58
et suiv.

que les équipages y tuent : le 19, à 80° 11' de latitude, on aperçoit à l'est une terre de vaste étendue; c'est le Spitzberg (1) : la verdure et des animaux qui paissent dans de belles prairies, font naître l'envie d'y descendre : le lendemain 20 juin, on y suit des ruisseaux qui serpentent; on est conduit d'un site à l'autre par les développemens inattendus d'une belle nature, qui surprend dans des climats présumés plus voisins du pôle que ceux qui jusqu'alors avaient été parcourus. Cependant les jours se passent; déjà la terre se dirige vers les signes septentrionaux. A cette latitude le mouvement des eaux ne peut se vaincre que difficilement : enfin, les obstacles des marées et de l'air sont tels depuis le 22 juin, qu'il faut céder et se porter vers le sud.

Le 1<sup>er</sup>. juillet, redescendus jusqu'à la hauteur de l'île des Ours, les deux capitaines ne pouvant plus se concilier sur la direction à suivre, se séparent pour ne plus se revoir; car Barentz, après avoir été forcé de prendre son hivernement à la Nouvelle-Zemble, mourut le 19 juin de l'année suivante, le cinquième jour de son embarquement pour retourner en Hollande. Ses infortunés compagnons, réduits au nombre de douze, et n'ayant pour se faire route à travers des eaux

______

(1) Découverte du Spitzberg en 1596.

dures , que deux chaloupes qu'ils avaient cons-
truites en dépeçant leur navire arrêté dans les
glaces, retrouvèrent enfin le capitaine Ripp à
Kola, d'où ils partirent avec lui pour l'Ulieland;
ils y arrivèrent le 29 octobre 1597. Ici finit la
dernière des navigations entreprises pendant le
seizième siècle pour la découverte du passage.

## Observations sur les navigations du 16e. siècle.

Malgré les revers essuyés dans ces expéditions,
il restait encore beaucoup de raisons pour croire
à l'existence d'un canal, et pour espérer de le
franchir, soit en traversant les mers polaires, soit
en allant au nord-ouest, soit en sillant vers le
nord-est, par le détroit de Weygats ou par le
nord de la Nouvelle-Zemble.

La question, comme on le voit, est jusqu'ici
loin d'être résolue ; les navigateurs même semblent n'avoir prévu qu'une partie des difficultés
qu'elle présente : mais en abordant celles que
l'on connaissait, on a déchiré le voile qui les
couvrait toutes ; et déjà se distinguent les uns des
autres les moyens que l'on emploierait vainement,
de ceux qui conduiraient à la solution de cette
importante question.

Entre les navigateurs que l'on a vu s'en occuper, Davis et Barentz sont, après Gomez qui
a découvert la Californie, les plus remarquables.
Willongby l'est aussi par la promptitude avec laquelle il s'élève au nord, et par sa vaine résistance aux vents et à la marée de l'est, qui le forcent, contre ses instructions et ses désirs, à se
porter au nord-ouest. Quant aux deux premiers,
partis l'un et l'autre au printems, favorisés par
la mer et par les vents jusqu'au 22 juin, ils les
trouvent contraires dès que cette époque est passée. Dans ce qui leur arrive, on peut aisément
reconnaître les effets de trois mouvemens de la
mer. Barentz persistant, malgré l'avis du capitaine
Ripp, dans la résolution de se porter à l'est contre
les vents, la marée, les glaçons et les bois flottans
qui lui traçaient une autre route, court à sa perte
dans les régions glacées de la Laponie Russe.

Davis, au contraire, gouvernant à l'ouest, dès
qu'il est près du cercle polaire, dans ses deux premiers voyages, et l'ayant outrepassé dans le troisième, a pour lui les vents, les courans et la marée.
Persuadé, chaque fois, qu'il a rempli le vœu de
ceux dont il tient sa mission, il effectue ses retours
à l'aide des vents *de terre et de ceux du nord*. Il
n'éprouve que les difficultés des voyages de long
cours. Les trois qu'il entreprend pendant autant
d'années successives, procurent de grands béné-

fices à sa compagnie, d'utiles établissemens à sa nation, et des connaissances nautiques et cosmographiques qui, pour ces parties intéressantes, reculent les bornes de la science.

Ces avantages, dont nous sommes redevables au seizième siècle, et les lumières que répandront encore les deux suivans, donnent à nos contemporains l'espérance de franchir enfin glorieusement ce détroit, que la nature elle-même parait avoir dégagé maintenant des écueils redoutables dont on les croyait autrefois environnés.

Animés par ce sentiment, nous allons accompagner dans leurs recherches les investigateurs du dix-septième siècle.

*Navigations faites pendant le dix-septième siècle, pour la découverte d'un passage d'un Océan à l'autre.*

Davis n'était plus; mais il avait transmis au siècle qui s'ouvrait d'encourageans souvenirs. Un large détroit, dans lequel il s'était avancé jusqu'à la hauteur de 73°, était présumé praticable durant une partie de l'année, comme il l'avait jugé lui-même (1). La finesse des fourrures qu'il avait

______

(1) Groënl. Fisch. p. 13. Orient. Ind. XIII. Theil. p. 125.

le premier apportées en Europe, enfin son nom
à jamais attaché aux régions du Nord qu'il avait
découvertes, balançaient, dans l'esprit de tous
les hommes entreprenans, le danger des ha-
sards à courir dans la recherche du passage par
le nord : mais l'état d'incertitude ne fut pas de
longue durée : le sentiment de la crainte est
moins puissant, moins répété que celui de l'ambition et de l'intérêt. La compagnie de Russie,
mue par cette dernière passion, trouva dans le
marin Georges Weymouth le courage qu'il faut
pour se faire un nom. Il se chargea pour elle de
la recherche du passage par le nord-ouest.

1602. — *Angleterre*. — WEYMOUTH. N. O.

Il partit le 2 mai avec deux vaisseaux, et s'avança
dans le détroit de Davis jusqu'à 68° 53' de latitude;
mais l'équipage, malade du scorbut, ayant refusé
d'aller plus loin, Weymouth se rabattit vers le
61° 40'; il put encore pénétrer dans plusieurs
golfes : cependant le nombre des malades s'aug-
mentant journellement, il fut contraint de regagner l'Angleterre. Il y rentra le 5 août.

1603. — *Angleterre* — Navire LAGROUE. N. E.

En Hollande, les malheurs de Barentz n'avaient
pas fait entièrement renoncer au nord-est : plusieurs membres de la compagnie les attribuaient

à la résistance opiniâtre que lui avait toujours opposée Rypp son collègue; et ce qui venait d'arriver à Weymouth leur fournit les moyens de faire prévaloir leur sentiment. Un navire appelé *la Grace* fut donc armé en 1603 (1); il navigua vers le cap Nord, et de là jusqu'à l'ile des Ours; mais comme il suivait une mauvaise route, il fut contraint de rentrer.

1607. — *Angleterre.* — Hudson. N. O.

Les associés étant, comme on vient de le voir, divisés sur la direction du voyage, s'en rapportèrent, pour la déterminer, à l'avis du célèbre Hudson qu'ils avaient attaché à leur service. Il se décida pour le nord-ouest, et partit le 1$^{er}$. mai 1607. Le 15 décembre suivant, il était déjà de retour. Il avait reconnu, le 13 juin, la côte orientale du Groënland; il la revit encore le 21, à 73° de latitude.

*Chaleur à 78° de latitude.*

Le tems au Groënland était *agréable et doux:* à 78° il eût même de la chaleur le 27 juin; mais le 2 juillet, le tems y fut très-froid. Au reste, le 8, il y

_______

(1) Orient. Ind. XIII, pag. 116.

ent, à la même latitude, grand calme et une mer sans glaces. Le 14, à 80° 23' de latitude, le soleil fut observé, à minuit, élevé de 10° 40' au-dessus de l'horison. Le navigateur était alors sur la côte occidentale du Spitzberg; il s'avança au-delà de 82° : enfin, les glaces l'empêchèrent d'aller plus loin. Il voulut, en poussant vers le nord-ouest, doubler le Groënland pour revenir par le détroit de Davis; mais il trouva une mer impraticable : il était déjà trop tard.

L'année suivante (1608), il essaya de passer entre le Spitzberg et la Nouvelle-Zemble : le bruit avait couru que, peu de tems auparavant, les Hollandais y avaient navigué; mais les efforts d'Hudson furent vains; il fut contraint de reprendre le nord-ouest.

### 1609. — *Hollande*. — Hudson. N. O.

Le voyage d'Hudson ranima tellement le zèle des Hollandais, ou leur inspira tant de craintes de se voir devancés dans une route avec laquelle ils ne voulaient pas que l'on se familiarisât, qu'il se forma de suite une compagnie dont le but spécial, apparent du moins, était la découverte du passage. Elle s'attacha l'investigateur Hudson, et fit monter par vingt marins consommés le navire qu'elle lui confia. Son départ du Texel eut lieu le 6 avril 1609; il doubla le cap Nord le

5 mai, et de là se dirigea vers la Nouvelle-Zemble
en longeant les côtes septentrionales ; mais il
trouva la mer si remplie de bancs de glaces, qu'il
perdit, comme l'année précédente et par les
mêmes causes, toute espérance de pouvoir continuer sa route dans la même direction. Il reprit
donc celle du nord-ouest, se rendit ensuite vers
Terre-Neuve, d'où, après quelque commerce,
il fit voile pour la Virginie, et de là revint en
Hollande.

Comme la dernière des entreprises de ce capitaine présente une suite continue de voyages qui
ne sont interrompus que par un hivernement,
on en parlera de suite.

Ce fut sur le bâtiment *la Découverte*, appro-
visionné pour six mois, qu'il fit son quatrième
voyage : parti le 17 avril 1610, il relâcha en Islande, passa le 9 juin le détroit de Forbisher,
reconnut les mêmes pays que Davis, franchit le
5 août le détroit qui depuis a porté le nom d'Hudson, visita la baie avec le plus grand soin, et
choisit pour hiverner une contrée fertile en gibier,
mais trop froide pour l'équipage, dont une partie
était habituée à la température des Indes Orientales. Il est à présumer que la rigueur du climat
fut pour cet équipage le principe de ses dispositions à la mutinerie : le capitaine en devint la
victime ainsi que son fils ; car les matelots les ex-

posèrent dans un frêle canot à la merci des frimats et de la mer.

Informés de cette rebellion par quelques marins échappés eux-mêmes du naufrage de leur
navire, les Hollandais déterminèrent sur-le-champ
un nouvel armement, nommèrent Hutton capitaine du bâtiment, et le chargèrent particulièrement de la recherche du capitaine Hudson.

Ils pouvaient s'en croire responsables. En effet,
ils l'avaient appelé d'Angleterre, en avaient privé
la France, qui avait autorisé Isaac Lemaire, en
1609, à faire à cet investigateur des propositions,
dont la publicité fit hâter l'ordre de la compagnie
hollandaise pour le faire partir.

Hudson ayant de cette manière été soustrait à
Lemaire, ce dernier continua cependant à s'occuper d'un armement pour la France (1), mais
sans en divulguer le projet. Le président Jeannin,
ambassadeur de Henri IV en Hollande, consulta
sur son exécution le mathématicien Plancius. Ce
savant lui déclara qu'il était persuadé de l'existence du passage, et que l'on aurait pu facilement le découvrir, en *s'élevant en pleine mer
au septentrion*, au lieu de suivre les côtes bor-
dées de glaces pendant un grande partie de l'an-

_______

(1) Négoc. du président Jeannin ; lettres du 25 janvier
1609, pag. 275 et suiv.

née. La verdure trouvée au Spitzberg à 81°, tandis que la Nouvelle-Zemble (1), beaucoup plus méridionale, avait l'aspect de la plus effrayante aridité, donnait du poids à l'opinion de Plancius. Ainsi le passage devait être cherché, selon lui, par 85° de latitude.

Quoique Henri IV sentît combien était incertain le succès d'une pareille entreprise, il la jugea cependant assez importante pour être tentée ; et Sully, se flattant qu'elle serait glorieuse pour son prince, y consacra 15,000 liv., avec promesse de 25,000 liv. de gratification pour le capitaine, et d'autres avantages pour ses gens, s'il réussissait. Il était convenu que, dans ce cas seulement, l'entreprise serait annoncée comme ayant été faite aux frais de Sa Majesté, et que le pavillon de France serait arboré sur le navire aussitôt que le passage serait effectué.

## 1609. — *France.* — Lemaire. N. O.

Le vaisseau destiné à cette navigation partit de Hollande le 5 mai 1609, muni d'un passe-port du prince de Nassau. Le capitaine, dont le nom n'a pas été transmis, avait ordre de se rendre directement en France, si son voyage était heureux.

_______

(1) La Nouvelle-Zemble est exposée aux vents glacés de la Sibérie.

On ignore absolument le sort de cette expédition. L'affreuse catastrophe du 14 mai 1610, qui priva la France du meilleur de ses rois , et la confusion qui suivit ce déplorable événement, rendent concevable la perte de plusieurs pièces relatives à ce voyage.

1610. — *Angleterre.* — Edge et Pool. N. O.

Cependant Thomas Edge et Jones Pool, chargés par la compagnie anglaise du Nord de continuer la recherche du détroit, s'élèvent jusqu'au 79°, et le 12 juin ils harponnent une baleine; mais ils reviennent après une navigation de dix-huit mois, sans avoir trouvé le détroit.

1612. — *Angleterre.* — Marmeduck et Button. N. E et N. O.

Marmeduck , parti de Hull pour le même objet, ne fut pas plus heureux, quoiqu'il s'élevât jusqu'à 82° de latitude.

Button , sorti presque en même tems que Marmeduck , passa de l'est à l'ouest, se soutenant à 60° de latitude , et suivant des courans qui le persuadèrent que le passage était au-delà de cette latitude. Ces deux marins éprouvèrent le même désagrément qu'Edge et Pool.

1615. — Hollandais. N.

On lit dans la Géographie du Prince , qu'en

1613 des Hollandais s'étant avancés jusqu'au 85°,
la boussole cessa de leur servir (1), parce que
son aiguille restait immobile contre le verre de
la boîte. On ne dit pas, mais on doit présumer,
qu'ils recherchaient aussi le passage.

### 1614. — *Angleterre*. — Gibbons. N. O.

A son retour, Button communiqua à Gibbons
des instructions dont celui-ci profita si peu, qu'il
manqua même l'entrée de la baie d'Hudson,
et qu'il fut entraîné par les glaces dans une autre
baie que l'on a depuis lors appelé *trou de Gibbons*. Il fut heureux de pouvoir en sortir.

### 1615. — *Angleterre*. — Baffin et Byleth. N. O.

Robert Byleth et Guillaume Baffin, qui plai-
santèrent sur la méprise de Gibbons, sans com-
mettre la même erreur, ne trouvèrent pas plus
que lui le passage. Arrivés le 6 mai 1615 à la vue
du Groënland, ils rencontrèrent le 15 du même
mois, par 61° 26′ de latitude, des glaces d'une
telle étendue, qu'on eût pu les comparer à de
grandes îles. Baffin en portait l'épaisseur jusqu'à
1608 pieds. Il crut, ainsi que Byleth, apercevoir
par 65° de latitude et 85° 20′ de longitude de Londres, un passage, parce que les marées venaient

______

(1) Bergeron, Traité de la Navigation.

du nord ; mais bientôt leur espoir s'évanouit, et ils revinrent pour solliciter de leurs armateurs l'autorisation 1°. de se porter au détroit de Davis ; 2°. de longer la côte du Groënland jusqu'à la hauteur de 80° ; 3°. de se rabattre ensuite au sud jusqu'à 62°, de tenir cette latitude, et de gagner enfin la terre d'Iedro ou d'Iesso. Leur projet fut goûté ; on y ajouta l'invitation de reconnaître le pays au nord de Java.

Ils partirent de Gravesand le 26 mars 1616, et le 30 ils atteignirent le Sandersohns-Hope, terme le plus septentrional auquel Davis fut parvenu. La mer y était sans glaces, le passage large ; mais la marée laissait peu d'espoir, soit à cause de la direction de son courant, soit à cause de sa hauteur (1).

Un vent soufflant avec violence de l'est, les força de gagner des îles ( le Vounann ) dont les habitans prirent la fuite dès qu'ils aperçurent le bâtiment. Quelques hommes de l'équipage descendus à terre, y surprirent deux femmes dont l'une leur parut avoir plus de 80 ans. Un autre jour, une jeune femme avec un enfant, vint à eux d'elle-même. Ils apprirent que dans cette île placée sous le 72° 41' de latitude, on y adore le

---

(1) Orient. Ind. XIII. Theil, pag. 131. — Voyage à la baie d'Hudson, tom. 1, pag. 69.

soleil, et qu'on y met les morts dans des creux de rochers, où l'on vient ensuite les visiter, en chargeant chaque fois le cadavre de quelques pierres.

Le 9 juin, les glaces obligèrent à jeter l'ancre par 74° 4', près de trois îles où se voyaient çà et là des tentes et des huttes. Le flux venant de la mer ne montait pas à plus de six pieds; mais au retour de la côte il était plus fort. Le même obstacle des glaces fit encore mouiller le 10 entre plusieurs petites îles où l'on fit quelqu'affaire avec les gens du pays. On appela ce port *Horn-Sund* ou *port des Cornes*, à cause de la quantité de licornes de mer que les Sauvages apportèrent.

Byleth et Baffin reprirent la haute mer le 16 juin, et, à leur grand étonnement, ne trouvant plus de glaces, ils cinglèrent vers le nord : cependant ils les retrouvèrent à 74° 50' (1) : dèslors ils avancèrent peu. Successivement ils eurent de la neige et du froid; il fut même si piquant, qu'on ne put se servir ni de voiles ni d'autres agrès.

---

(1) Les glaces que l'on rencontre à de grandes hauteurs ne proviennent pas des eaux de mer, mais des eaux fluviatiles; il en est même qui se sont détachées de pays élevés en latitude : et qui, chariées par le flux, reviennent contre les mêmes pays, mais à la partie orientale, après avoir fait le tour par mer. Le froid piquant avait été causé par le passage des glaces.

## *Mer sans glaces à 75° 40' de latitude.*

Le 1ᵉʳ. juillet, par 75° 40', l'espérance rena-
quit, parce que la mer était sans glaces. Le 3,
on doubla un cap auquel on donna le nom de
*Digg*, l'un des armateurs : ce cap, selon eux,
est à 76° 15'. Près de cette côte on trouva beaucoup de baleines. Le 4, après une violente tempête du sud à l'ouest, on se trouva dans une
grande baie où l'on fit le sud-est, et l'ancre fut
jetée dans un petit port ; mais la force du vent qui
soufflait des montagnes, fit chasser sur cette ancre.
On était à 77° 30' de latitude. (Baie de Schmidt-
Sund).

Le lendemain, on fit voile à l'île d'Hackluyt,
au-delà de laquelle est située par 78° de longitude, et au nord du Thomas Schmidt-Sund, le
point le plus septentrional de la baie : cet intervalle est très-propre à la pêche des baleines ;
elles y étaient d'une grandeur extraordinaire. En
continuant la route vers l'ouest-sud-ouest, l'on
aperçut un autre port, mais sans ancrage, ni
traces d'hommes : on le nomma *l'Aldermann
Jones.*

Plus loin, par 74° 20', un nouvel enfoncement
rappela l'espoir : on était au Lancasters-Sund.

Byleth et Baffin continuèrent leurs recherches jusqu'au 14 juillet, vers le sud-ouest et le sud de la baie; ensuite ils longèrent jusqu'au 70° 51' des glaces qui les obligèrent enfin à regagner l'est où la mer était ouverte : ils voulaient se maintenir à la même latitude en essayant de s'avancer ; mais ils furent arrêtés par une glace qui s'étendait sur plus de 60 mille anglais en longueur. Ainsi la haute mer seule offrit une route praticable ; encore fallut-il naviguer avec précaution à cause des glaces. Le 14 juillet, à 70°, la terre reparut; c'était l'île de Cumberland. Ne pouvant y jeter l'ancre ni l'aborder, on suivit les glaces jusqu'à 65° 45' de latitude; et comme il n'y avait pas même d'apparence de passage , on crut devoir entrer dans le port de Cochin sur la côte du Groënland, par 65° 45' de latitude. Les malades y reçurent beaucoup de soulagement des plantes que l'on y trouva ; la marée y montait de plus de dix-huit pieds. Enfin , on rentra à Douvres le 30 août 1616.

---

1619. — *Danemarck.* — Munck. N. O.

Baffin , de retour, croyait encore au passage ; mais c'était à l'est qu'il se proposait de le rechercher quand il mourut ; et c'était précisément à le trouver de ce côté que , dans le même tems , renonçait Christian IV qui venait de le faire visiter par Munck : il l'envoyait alors au nord-ouest.

Ce marin s'embarqua le 16 mai 1619 à Elseneur (1). Le 5o juin, il eut vue du cap Fervel qu'il doubla, puis fit route à l'ouest sur nord. Le 8 juillet, par 62° 5o', il découvrit les côtes d'Amérique dont les glaces lui empêchèrent l'accès. Le lendemain, la chaleur engagea l'équipage à quitter ses vêtemens. Le 12, on entre à la baie d'Hudson; on y prend terre : des sauvages à qui l'on avait saisi les armes dont ils étaient munis, s'étaient éloignés; on les rappela pour les leur rendre; ils les reprirent à la hâte et s'enfuirent aussitôt après, sans prendre même des filets qu'ils avaient abandonnés. Du 23 au 24 juillet, les navires restent dans les glaces; des courans les en dégagent, et les entraînent successivement dans plusieurs enfoncemens de la baie d'Hudson. Jusqu'au 7 septembre on la parcourt; mais l'hivernage oblige à se fixer à l'embouchure d'une rivière, sous le 63° 20'. A terre, on tue beaucoup de lièvres, de gelinotes et d'autres oiseaux : en les chassant, on voit plusieurs emplacemens de huit pieds en quarré; dans le milieu, une pierre plate posée sur deux autres placées de champ : sur la première sont quelques charbons éteints;

______

(1) Jens Munck, relation 9 et suiv.

des figures d'hommes sont dessinées au charbon sur les mêmes pierres : on présume que ce sont des indices d'idolâtrie. Le 27 septembre, l'intensité du froid fait rompre des flacons de verre qui renfermaient des liqueurs : s'ils eussent été de cuir ou d'étain, cet accident ne serait pas arrivé. Le 3 décembre, la rivière se couvre de glaçons de sept pieds d'épaisseur, et les flots en amènent qui en ont trois cents dans la même dimension.

L'année 1620 s'ouvre par un froid encore plus rigoureux; un flux de sang attaque et fait périr l'équipage : Munck reste lui troisième. Le 18 juin seulement, les bâtimens sont dégagés des glaces ; on pêche ; le bouillon de poisson donne de la force ; on retrouve quelques liqueurs dans les bâtimens : enfin, Munck découvre à terre deux matelots très-affaiblis, mais qu'il avait crus morts ; et ces cinq marins, sortis du détroit le 18 août, arrivent le 25 septembre 1620 à Bergue en Norvège.

Le tableau de cette navigation est triste ; mais quelles que soient les impressions qu'il doive laisser, elles sont l'effet d'événemens vrais, qu'il ne fallait pas plus dissimuler que ceux qui semblent propres à exciter le zèle des investigateurs.

1625. — *Hollande.* — TEUNISSEN. N. E.

Cinq ans suffirent pour affaiblir la mémoire de

ces revers, et la compagnie hollandaise des Indes reparut la première curieuse de renouveler encore les recherches du passage ; elle arma un navire sous le commandement de Corneille Teunissen : il partit du Texel le 24 juin seulement. Elisée *Rosten* voulait que l'on profitât des plus grands jours pour les recherches, et prétendait que *plus on était près du pôle en été, plus la chaleur augmentait, et moins on avait à redouter des glaces ; il assurait même que le froid est moindre à* 80° *et même à* 85° (1), *qu'il ne l'est à* 72. Nous partageons le sentiment de Rosten ; l'événement même l'a justifié dans la navigation d'Hudson à 78° de latitude en 1607, pour la chaleur. Quant aux glaces, Byleth et Baffin qui eurent peine à s'en garantir au 74ᵉ, n'en virent plus dès le 75ᵉ. Au surplus, Teunissen qui s'était dirigé vers la Nouvelle-Zemble, en rencontre beaucoup dès le 28 juillet. Le 9 août, il franchit le détroit de Nassau, et cherche ensuite vainement un passage au-delà de l'île des Vents ; il est forcé de revenir sur le détroit pour rentrer dans l'Océan Septentrional, et regagner la Hollande où il arrive le 15 septembre, après avoir bravé mille fois la mort.

_______________

(1) Le froid de la Sibérie s'appesantit sur les mers qui l'avoisinent.

1630. — *Danemarck*. — WESTER-HOLEN. N. E.

Christian IV avait été l'auteur du projet du voyage de Munck : donc les revers du voyage furent attribués, sinon au peu d'habileté de ce marin, du moins à des événemens amenés par le hasard. Mais l'on persuada facilement au prince que son projet devait réussir ; Wester-Holen fut chargé de l'exécuter, et sa tentative augmenta le nombre de celles qui furent infructueuses.

Ce navigateur n'était pas encore de retour, lorsqu'encouragés par le sentiment publiquement énoncé de Briggs, des négocians de Londres préparèrent un armement dont l'exemple en fit disposer un autre par des commerçans de Bristol. Des amis communs aux deux compagnies parvinrent à les réunir d'intérêt. Lucas Fox fut choisi par la compagnie de Londres, et James par celle de Bristol. Les deux bâtimens devaient marcher de conserve.

1631. — *Angleterre*. — FOX ET JAMES. N. O.

Fox avictuaillé pour dix-huit mois, parti dans les premiers jours de mai, pénétra dans la baie d'Hudson le 22 juin suivant. Il reconnut la côte du Velcome où la marée s'élevait de vingt pieds, tandis qu'au Carri-Swans-Ness, pointe de la grande île de Suthamton, ou terre opposée à la bouque

4

( 50 )

interne du détroit, elle n'avait été trouvée que de
six pieds. La terre était sans neige, et la mer libre
de glaces. Tournant au sud-ouest, il découvrit
par 65° 57', un autre cap et une terre entre-coupée,
dont les parages étaient fort poissonneux ; il y
vit même beaucoup de baleines dont une noire.
La marée qui venait de l'est, s'élevait à douze
pieds. Fox observa que plus il s'éloignait de Velcome, moins elle était haute, et qu'enfin elle
devenait insensible.

Le 29 août, il rencontra James, et après avoir
conféré sur ce qu'ils avaient remarqué l'un et
l'autre, Fox voulant passer l'hivernage en Angleterre, s'y rendit de suite (1); il y déclara que
l'air plus chaud, la mer plus libre de glaces et
la marée plus forte à mesure qu'il s'avançait dans
la baie vers le nord, le persuadaient qu'il y avait
un passage ou dans le Velcome ou dans le *nec*
*plus ultra* de Button, vers le 65°.

James perdit beaucoup de tems pour faire des
perquisitions dans le fond de la baie; se fixa sur
l'île Charlton à 52° pour passer l'hiver, espérant
faire sa découverte au printems (2) ; mais il fut
trompé dans son attente : près la rivière de Ruppert, son équipage souffrit des froids aussi rudes

_______________

(1) Voyage à la baie d'Hudson, tom. 1, pag. 73 et suiv.
(2) Découvertes des Europeens, tom 5, pag. 172.

que ceux de la Nouvelle-Zemble, sous le 76°; et, même après le dégel, la mer ne cessa qu'au 22 juillet de charier des glaçons. Avant cette époque il fut impossible de naviguer. Aussitôt que la mer lui parut libre, il visita les deux côtés de la baie, remonta du 65° de latitude jusqu'au 66°; et vers la fin d'août, il reprit la route de l'Angleterre : il n'y arriva que le 22 octobre 1632.

Depuis son retour, il annonça que le passage, s'il en existait un, n'était pas du moins praticable. Voici sur quoi son opinion, contraire à celle d'Ellis était fondée :

1°. Le flux vient toujours de l'est, et s'altère à mesure qu'il avance dans le détroit d'Hudson.

Ellis accorde le fait, mais il objecte à James qu'il n'a pas remarqué la marée au Velcome, où il aurait pu se convaincre qu'elle ne vient pas de l'Océan Atlantique.

2°. James insiste, parce qu'il n'y a, selon lui, dans la baie, ni grands, ni petits poissons.

Ellis réplique que Fox y en a vu de toute espèce; ce qui, depuis, a été confirmé.

3°. La nature des glaces à 65° 30', couchées par bandes, et qui paraissent adhérentes au fond, ne supposent pas d'océan par-delà, sans quoi ces glaces seraient brisées et chassées du nord : c'est une preuve, suivant le principe de James même,

qu'il doit y avoir une communication avec quelqu'autre océan.

4°. James dit enfin que les glaces ont leur issue
vers l'est, et se déchargent par le détroit.

Sur quoi Ellis observe que, le flux amenant, par
le détroit, une grande quantité de glaces dans la
baie, le reflux devait naturellement les en faire
ressortir.

L'on conçoit ici combien il serait nécessaire que
les observations portassent la mention de la date
à laquelle on les a faites.

Celles de Fox et de James semblaient contra-
dictoires. Elles occupaient encore diversement
les esprits en Europe, lorsque des négocians de
Boston chargèrent le capitaine Jhapley de la recherche du passage : son voyage fut fait en 1640,
et ne procura aucune découverte.

Les obstacles que rencontraient les Anglais, les
Danois et les Américains, dans leurs navigations,
étaient vus par les Hollandais avec une sorte de
jouissance; ils auraient voulu que l'on renonçât
absolument au projet de trouver un chemin pour
se rendre aux Moluques ; et la rigueur dont ils
usèrent envers l'investigateur Lemaire, en fournit
une preuve évidente (1).

_______________

(1) Le Maire, après avoir doublé le détroit de son nom et
le cap Horn, tracé une route inconnue jusqu'alors dans la

1636. — *Hollande.* — Kwast. N. E.

Cependant les Hollandais se réservaient d'être eux-mêmes les explorateurs, en supposant toutefois que cela fût encore nécessaire depuis l'heureux essai de Lemaire; et deux vaisseaux de la Compagnie des Indes orientales, sous les ordres de Mathias Kwast, eurent la commission d'aller reconnaître au nord du Japon, la côte orientale de la Grande-Tartarie (1). Un autre motif, mais dissimulé, de cet armement, était la recherche de deux îles alors célèbres et dont le nom seul était capable d'exciter la plus ardente cupidité; on les appelait, l'une, l'île d'Or, et l'autre l'île d'Argent. Elles étaient supposées à l'est du Japon, par 28° de longitude et 37° 30' de latitude. Cette navigation éprouva divers accidens qui s'opposèrent à son succès.

1643. — *Hollande.* — Gerrytzen-Uries. N. E.

Mais, comme la Compagnie n'était pas encore assez désabusée, elle fit partir de Ternate,

___

partie australe de la mer Pacifique, et trouvé plusieurs îles nouvelles, fut arrêté à Batavia, perdit sa cargaison que l'on confisqua, de même que son navire, et mourut dans la traversée. Le motif de cette persécution fut qu'il avait fait une expédition pour son compte particulier.

(1) Transactions philosophiques, n°. 109. — Décembre 1674.

en 1643 , deux autres bâtimens ; ils s'avancèrent , sous le commandement de Martin Gerritzen-Uries, jusque par 48° 5o' , dans les mers qui sont au nord du Japon. A l'arrivée de Gerritzen , la Compagnie donna quelques vagues indications sur plusieurs terres , et pour écarter toute nouvelle tentative , elle se fit accorder le privilége exclusif de la navigation par le nord , et finit par interdire, sous peine de mort, à ses marins toute recherche ultérieure.

Cette décision , que pouvait avoir dictée l'esprit d'économie , parut à quelques personnes avoir pour motif d'écarter toute concurrence dans les Indes orientales. Elle produisit l'abandon des recherches du passage : on parut du moins l'oublier durant trente années.

1648. — *Russie.* — DESCNEW ET FEDOT. N. E.

Pendant cet intervalle , M. Muller , en fouillant dans les archives d'Iascutzk, acquérait des preuves écrites de la découverte de ce passage. En effet , deux bâtimens russes de l'espèce de ceux qu'on appelle kotsches, commandés, l'un, par Deschnew, l'autre, par Fedot Alexew , et sortis de la Kolina , fleuve du pays des Tschutschis , parvinrent à doubler le cap de cette terre et descendirent ensuite au sud jusqu'au-delà de l'Anadir.

Ces faits , retirés de l'oubli par M. Muller , ont

été confirmés depuis par les nouvelles publiques reçues de Saint-Pétersbourg, en date du 2 mars 1765 (1). M. Engels a même publié, que l'on savait, long-tems avant la découverte du Kamtchatka, que ce pays et l'Yesso étaient non seulement séparés par une mer vaste, mais qu'il se trouvait entr'eux, différentes îles. Ainsi, la possibilité de naviguer des parages d'Archangel à ceux de l'Anadir, et par conséquent, jusqu'à l'océan Pacifique, était déjà fort probable à cette époque.

Mais peut-être trouvera t-on, dans l'histoire des tentatives ultérieurement faites par le nord est, le complément de la démonstration. L'ordre des dates nous reporte dans les régions opposées à celles de l'Asie.

**1652, 1653. — *Danemarck*. — Henri Muller et David Daniel. N. O.**

Les navigations que l'on avait faites au Groënland ne permettaient plus de douter qu'il ne fût abordable, du moins à sa partie occidentale ; et le projet que des monarques avaient entrepris, que des compagnies avaient ambitionné de faire exécuter, fut suivi par un simple particulier, Henri Muller, fermier des douanes de Danemarck. David Daniel est le capitaine du bâtiment qu'il

---

(1) Eng. Geogr. Nachridst, pag. 33.

fait équiper. Sans publier les résultats de deux premiers voyages, Muller en fait entreprendre un troisième.

Pour ce dernier, le bâtiment partit de Copenhague au commencement du printems; il aborda le 29 juillet 1653, sur des rives encore glacées; le fond du mouillage était même si dur, que l'ancre ne put y pénétrer.

Dès que le bâtiment parut à la côte, plus de cent canots vinrent l'aborder, et les Groënlandais se familiarisèrent peu à peu (1). Hommes et femmes montèrent sur le navire : le commerce s'établit entre ces hommes simples et confians, et les Danois agens de Muller; mais sous le prétexte d'un marché, dont une galanterie faisait une condition, trois femmes, une jeune fille et un jeune garçon furent induits à descendre sous le tillac où ils se trouvèrent enfermés, et l'on mit à la voile.

Il faut croire que cet attentat fut commis à la côte occidentale, près la rivière de Baal (2), puisque M. Egede rapporte que les habitans de ce canton se souviennent encore de cette révoltante gentillesse européenne, et des noms des femmes enlevées.

---

(1) Voyage d'Olearius, tom. 1, pag. 129.
(2) Description du Groënland, pag. 23.

Ne soyons donc plus étonnés lorsque les Sauvages fuient à notre approche : très-peu de nos bâtimens ont touché leurs terres sans y laisser quelques traces de violence ou de rapine. Des communications amicales avec les Groënlandais nomades nous auraient fait connaître depuis long-tems celles qu'ils ont eux-mêmes avec les Américains ; et les détroits, les époques durant lesquelles ils sont praticables, ne seraient plus à rechercher, comme le fit encore en 1658 le hollandais Vannont, dont M. Buache cite la navigation.

## 1658. — *Hollande.* — Vannont. N. O.

Ce navigateur hollandais prétendait avoir sillé par la baie d'Hudson, pour se rendre de la mer du Sud dans celle de la Manche.

Le journal de ce capitaine fut envoyé à M. de Pontchartrain, alors ministre de la marine, par M. de la Madelaine, officier de ce service. Cependant le public n'a pas été informé de cette route. Peut-être M. de Pontchartrain à qui le fait ne parut pas assez bien constaté, ne voulut-il pas exposer les armateurs et les marins à des revers qu'ils auraient pu attribuer à leur trop de confiance dans des faits publiés par le ministre français. Il était, en effet, autorisé à recevoir avec ré-

serve les nouvelles arrivées par la Hollande, lorsqu'elles annonçaient quelques découvertes.

1664. — *Portugal.* — DAVID MELGUER. N. E.

M. de Pontchartrain fut encore informé, deux
années après, par le même officier, que David
Melguer, capitaine portugais, parti du Japon le
14 mars 1660, avait longé la côte de Tartarie,
couru au nord jusqu'au 84° de latitude, fait
*route ensuite entre le Spitzberg et le Vieux-
Groënland,* et que, passant par l'ouest de l'Ecosse
et de l'Irlande, il était rentré sans accident fâcheux à Porto en Portugal (1).

En insérant cet article, on veut éviter le reproche d'avoir omis un fait rapporté par un savant dont le témoignage est une autorité : c'est
M. Buache. Il ajoute à cette citation l'observation
suivante de M. de la Magdelaine.

« Le journal exact de la route du Nord pour
» aller en Chine, est dans les archives du gou-
» vernement hollandais qui, pour en ôter la con-
» naissance au public, ne l'a pas fait enregistrer
» à l'amirauté (2) ». Cette opinion sur la grande
réserve des Hollandais, est assez commune dans
le pays même.

_________________

(1) Considérations géographiques et physiques, pag. 138.
(2) Voyage au Nord, tom. 2, pag. 347.

Cependant il convient d'observer que, dès 16...
les Japonais avaient prononcé une proscription
générale contre les Portugais. Il est vrai que
Melguer aura pu prendre des mesures pour
échapper à la surveillance des agens du gouvernement du Japon.

On ne peut, au surplus, douter qu'il n'y ait
eu dans les relations de beaucoup de voyages,
des réticences et des exagérations; mais l'on s'est
imposé la tâche de parler indistinctement de toutes
les navigations dont le but était la découverte du
passage, et de rappeler tous les renseignemens
que le hasard même a pu en faire connaître; c'est
pour le progrès des lumières que l'on fait des
vœux; et l'on ne dissimule pas que, Français,
on regretterait, après avoir vu Pytheas s'avancer
le premier dans la carrière des découvertes, que
la gloire de passer le premier par le pôle, pour
se rendre aux Indes, ne fût pas acquise par un
autre habitant de cette illustre France.

Nos marins avaient observé la marche des différens investigateurs, et l'on doit convenir que
les revers éprouvés par ceux qui étaient sortis des
ports de l'Angleterre, étaient peu propres à pro-
voquer de nouvelles tentatives : il fallut plus
d'un demi-siècle pour affaiblir ces fâcheux souvenirs; encore, après cet intervalle, ne parut-

qu'un feu passager durant lequel on n'entreprit qu'un seul voyage dont la cause remonte à 1656.

Dès cette année, la France avait pris possession de la baie d'Hudson aux environs de laquelle les Anglais, malgré leurs précédentes tentatives au nord-ouest, n'avaient jusqu'alors aucun établissement avoué de leur gouvernement (1). Ne paraissant attirés dans ces régions que pour la seule recherche du passage, ils n'avaient pas cru devoir faire les frais d'un poste militaire dans ces lieux sauvages. On va voir par quelle voie ils furent ensuite informés que cette économie avait coûté la vie à plusieurs de leurs marins.

Le français Groiselier, ancien habitant du Canada, faisant une course dans le nord de la colonie, apprit qu'il était proche de la baie d'Hudson ; il s'y rendit : à peine y fut-il, qu'il trouva dans une mauvaise cabane, près de la rivière de Bourbon, six matelots anglais demi-morts de froid et de faim.

De retour à Quebec, il essuya, sans que l'on en sache trop la cause, des désagrémens dont il crut devoir venir se plaindre en France ; mais ses associés, loin de l'écouter, augmentèrent à tel point les motifs de ses plaintes, que, dans son chagrin, il s'embarqua pour l'Angleterre avec

___

(1) Histoire de la Nouvelle-France, tom. 1 , pag. 476.

le dessein d'y offrir au gouvernement ses talens et son expérience, pour lui soumettre ces contrées septentrionales. Son arrivée à Londres y renouvela le bruit que le passage à la mer du Sud, par le nord-ouest, venait d'être découvert (1).

1668. — *Angleterre*. — ZACHARIE, GILLAM. N. O.

Ce fut d'après les connaissances données par Groiselier au ministère anglais, qu'il fit partir avec ce Français transfuge, Zacharie Gillam en 1668. Ce dernier s'éleva jusqu'à 75° dans la baie de Baffin (2), d'où il revint passer l'hiver à celle d'Hudson, sur la rivière de Ruppert. Il y construisit le fort Charles, qui fut le principe de la première colonie anglaise dans la baie d'Hudson (cédée par le traité de Versailles en 1763).

Cette expédition fit naître des espérances qui réunirent en une compagnie, sous le nom de cette baie, plusieurs riches armateurs. Elle fut autorisée par lettres-patentes du 2 mai 1670 : son

---

(1) Voyage au Nord, tom. 3. — Relation de la baie d'Hudson, pag. 321.

(2) Il y a erreur dans l'Histoire générale des Voyages, tom. 15, pag. 164. On y lit 79°. Cette latitude n'a pas été jusqu'à présent atteinte dans la baye de Baffin. Cet investigateur lui-même ne dépassa le 78° que de peu de minutes au détroit de Schmith, qui est le point le plus septentrional que l'on ait reconnu.

objet apparent fut la continuation des recherches; mais le plus réel était de s'assurer une nouvelle branche de commerce, celui des fourrures, dont l'abondance, en ces contrées, égalait la beauté. Ce dernier motif prévalut bientôt sur l'autre, qui par la suite éprouva les plus grands obstacles de la part de la compagnie. Les recherches, par elles-mêmes, lui présentaient, en effet, peu d'intérêt, tandis qu'elle en avait un puissant pour écarter de ces parages d'autres navigateurs qui, tôt ou tard, pouvaient la priver d'une partie des bénéfices de la traite des pelleteries.

Dès-lors les voyages à la baie d'Hudson rentrèrent dans l'ordre des expéditions ordinaires de la marine royale ou du commerce. Il ne sera donc pas surprenant qu'il se passe presqu'un demi-siècle, sans que l'on projette en Angleterre aucun voyage pour la découverte du passage par le nord-ouest. On songeait encore moins à tenter cette recherche par le nord-est ou par le nord; on devait même en être détourné par tout ce que les Hollandais avaient publié de vraisemblable sur les difficultés de la navigation dans les mers polaires.

C'est, en effet, de ce côté, que la scène plus vaste, laisse apercevoir de plus effrayantes perspectives; des courans auxquels on ne peut résister, des écueils de glaces, des brouillards, des bas-fonds, des côtes désertes, des terres sans

ports, des mers sans terme. Mais quoi! faire succéder à ce triste tableau, celui de nouveaux revers éprouvés encore à la suite de courageux
efforts, n'est-ce pas aller contre son propre but?
Non. C'est par l'exposé fidèle des dangers, que
les investigateurs jugeront si les obstacles sont
insurmontables, ou si, profitant de l'expérience
des premiers navigateurs, et même de leurs revers, il est possible de se frayer la route qu'ils
manquèrent, pour n'avoir pas eu la prudence de
combiner leur marche avec les mouvemens généraux de la terre et de la mer. Cette route, d'ailleurs, n'est pas celle que nous indiquerons à d'autres voyageurs qu'aux Russes.

### 1676. — *Angleterre.* — WOOD. N. E.

Ne pourrait-on pas en faire le reproche à Wood
même? C'est le 28 mai seulement qu'il part d'Angleterre, avec la frégate *le Speedwel* et un pinque
de conserve. Le 22 juin, par 75° 59', il rencontre
des glaces. Le 23 et le 24, le courant porte sud-
sud-est et charie des glaçons entre lesquels des
morceaux de bois inhérens se font remarquer.
Calcul fait de l'espace qu'il a parcouru, depuis le
22 juin jusqu'au 26 vers le sud-sud-est, on a
pour total 144 lieues. Le 26, on découvre la terre;
c'est la Nouvelle-Zemble : la glace s'y tient jusqu'à cinq lieues de la côte. Le 29, sur les onze

heures du soir , en voulant revirer pour éviter des glaçons qui paraissaient de l'avant, la frégate donne sur un brisant : c'était pour la seconde fois dans le même jour ; elle ne put être relevée. Ce ne fut pas sans danger que l'équipage se sauva à terre. On était à 74° 3o' de latitude et 63° de longitude de Londres. Le pinque que la peur du même danger avait éloigné , ne reparut que le 8 juillet. Il était heureusement tems encore pour sauver les gens de la frégate ; ils passèrent sur la conserve dont le commandant, rebuté par les glaces, crut devoir terminer son voyage en retournant en Angleterre (1).

## Observations sur les navigations du dix-septième siècle.

Telle fut l'issue de la dernière entreprise faite dans le dix-septième siècle pour la découverte du passage.

Wood , en sillant avec autant de facilité depuis le 28 mai jusqu'au 22 juin vers le nord-est, où il atteignit, malgré la dureté des eaux, 75° 59', était nécessairement secondé par une tendance

(1) Voyage au Nord, tom. 2 , pag. 268.

générale des vents et des eaux vers le nord ; mais
au 22 juin, par une tendance opposée des mêmes
élémens, il est forcé de changer de route, et,
contre ses intentions et son but, de se diriger vers
le sud. Sa marche, dès ce moment, devient aussi
facile, quoiqu'il rencontre des glaçons et du bois
venant de l'est.

Déja l'on a fait remarquer dans les navigations
de Willongby en 1553, et de Barentz en 1596,
qu'à l'époque du 22 juin, après avoir été jusque
là porté vers le nord par le vent et par la mer, on
éprouve une résistance active qui force à revirer
de bord. La terre venait en effet de quitter sa direction vers les signes méridionaux, et de se re-
porter vers les septentrionaux. Ces mouvemens,
sans être brusques, sont néanmoins sensibles sur
les pics non dominés du globe, et doivent l'être
sous des latitudes assez voisines du pôle, et dans
des mers assez libres pour n'avoir pas de mouvemens composés. Ils sont en effet simples, tant
que les inégalités de la terre à ciel ouvert ou sous
la mer, ne les ont pas compliqués.

Les navigateurs qui se sont trouvés souvent à
de grandes distances des côtes, et sous les zones
torride ou glaciale, ainsi que les curieux qui se
sont élevés, comme je l'ai fait, sur les plus hautes
montagnes de quelques vastes régions, se rap-
pelleront combien, en s'approchant de terre ou

des vallées, ils éprouvaient de sensations diverses par un froid plus piquant ou plus doux, par un air fortement ou faiblement agité; calme dans une vallée, sortant impétueusement d'une autre, et marquant encore plus de variétés qu'il n'y en avait dans la configuration du pays. Les mouvemens des eaux présentent les mêmes observations que fournissent ceux de l'air.

Il n'est pas douteux que la comparaison des unes et des autres ne puisse offrir d'utiles données pour les voyages à faire; et cette considération nous encourage à rendre compte de ceux que les investigateurs ont entrepris pendant le siècle dernier, dans la même vue de découvrir le passage jusqu'alors inutilement recherché.

*Navigations faites au dix-huitième siècle pour la découverte du passage.*

La valeur de Charles XII ne détourna pas l'attention que Pierre I<sup>er</sup>., depuis son voyage en Hollande, s'était promis de donner à la découverte du passage; il crut même pouvoir en concilier le projet avec celui de faire reconnaître en 1700, et les limites de son empire, et les parages des mers qu'elles resserrent. Avant lui, la cour de Moscou, regardant avec un œil indifférent la mer Glaciale, s'était même privée, sous le czar Michel Romanow, en 1620, des moyens naturels qu'elle avait d'obtenir des notions sur le littoral de cette mer. Pour accroître le revenu de ses douanes, elle avait en effet interdit le cabotage qui se faisait de rivière à rivière par le Weygatz (1), et des cartes étrangères indiquaient seules les limites de la Sibérie. On n'était pas plus exactement informé de la topographie intérieure du pays. Cependant on avait acquis des idées générales sur son étendue, en rendant successivement tributaires les diverses hordes qui l'habitaient : l'Anadir même, en 1648, avait été suivi dans son cours inconstant, et sur une de ses rives, un *ostrog* ou place fortifiée par des palissades, avait été construit (2). Ce fut de ce lieu que Wolodimer Atlasow partit en 1697 pour pénétrer jusqu'à la rivière du Kamtschatka. Depuis un an seulement Pierre-le-Grand gouvernait la Russie. Ce prince, dans l'intention d'établir une communication plus prompte et plus commode, entre ces deux fleuves qui baignaient deux des grandes parties de ses

---

(1) Saml. Russ. tom. 8, pag. 54.

(2) Sibérie Geschichte, tom. 1, pag. 178. — *Id.* tom. 6, pag. 200.

états, que celle dont Wolodimer avait fait usage,
ordonna que l'on suivît par mer les côtes de
l'Océan oriental, pour les reconnaître et déterminer les îles qui seraient aperçues.

D'un autre côté, des charpentiers de Moscou,
partis avec des matelots pour Jakutsch et Ochotzk,
y disposèrent des armemens avec lesquels, en
1716, on se rendit de ce dernier port dans la
presqu'île du Kamtschatka. Peu à peu on se pré-
parait aux extrémités de l'Asie pour l'importante
découverte du passage, tandis qu'en Europe quarante ans s'étaient écoulés sans que l'on parût s'en
occuper davantage.

1719. — *Angleterre*. — Barlow. N. O.

Un naufrage de Barlow, constaté par les débris
de son vaisseau trouvés dans la baie d'Hudson à
63° de latitude (1), aurait dû, si l'homme n'agissait pas souvent contre toute apparence de raison,
éloigner toute idée de recherches ; il produisit un
tout autre effet : il est vrai que l'on prit une précaution jusqu'alors négligée, celle de partir d'une
station.

1722. — *Angleterre*. — Skroggs. N. O.

Ce fut du Kurschil, place de la baie d'Hudson,

_______________

(1) Voyage à la baie d'Hudson, tom. 1, pag. 3.

que Skroggs mit à la voile le 22 juin 1722. Il
était trop tard ; il ne rencontra que des obstacles.

### 1727. — *Russie.* — Behring. N. E.

Deux navigations entreprises par ordre du czar,
l'une pour la mer Glaciale, une autre pour le
Kamtschatka, furent encore plus malheureuses
que celle de l'anglais Skroggs. L'un des bâtimens
fut pris entre les glaces, un second ne reparut
plus, et les autres essuyèrent des avaries plus ou
moins considérables. Mais le czar n'était pas d'un
caractère à se rebuter d'une première infortune ;
il médita de suite une nouvelle expédition que
suspendit, sans l'arrêter, la mort de ce monarque.
On conserva même, pour diriger cette expédition, le capitaine Behring que le prince avait
désigné ; tant il y avait déja d'ordre et de suite
dans les grandes idées du cabinet russe !

Behring quitta Saint-Pétersbourg le 21 février
1725, pour se rendre par terre à Ochotzk (1),
où, le 21 août 1727, il s'embarqua sur un bâtiment qui le conduisit jusqu'à l'embouchure du
Kamtschatka. Pendant l'hiver, il y fit construire

----

(1) On ne doit pas être surpris du long tems écoulé depuis son départ de Saint-Pétersbourg jusqu'à son embarquement à Ochotzk ; il y a 105° de longitude entre ces deux
villes.

une espèce de paquebot, et le 20 juillet, il fit voile vers le nord-est. Dans sa route, il apprit d'un canot de Tschutschis que les côtes des deux continens, asiatique et américain, étaient séparées. Le 15 août, à la hauteur de 67° 18', il parvint à un cap au-delà duquel la côte courait à l'est. Ce gissement lui parut suffisant pour sa conviction qu'il avait atteint l'extrémité de l'Asie au nord-est, et que les Tschutschis avaient eu raison d'annoncer qu'elle n'était pas contiguë à l'Amérique.

## Behring a trouvé le passage pour la Russie.

Jusque-là cependant il n'avait franchi qu'un premier promontoire, formant un grand golfe à sa contre-partie : mais ne doutant point que sa découverte ne fût complète, il retourna en 1730 dans le port d'Ochotzk, d'où, sur-le-champ, il fit route par-terre, afin de venir annoncer à sa cour que le passage était enfin trouvé. Sans doute il raisonnait juste, en ne calculant que pour la Russie.

## Des Navigateurs d'Ochotzk gouvernent entre l'Amérique et l'Asie.

Pendant que Behring voyageait par terre, un bâtiment que le ministère avait chargé de lui porter de nouveaux approvisionnemens pour sa navigation, était jeté sur une côte entre les 65 et 66° de latitude, à peu de distance du pays des Tschutschis, et presque vis-à-vis leur terre. On présume que c'était une côte de l'Amérique ; et son propre bâtiment s'appareillait à Ochotzk pour des négocians de ce port qui voulaient aller au-delà du point où Behring s'était arrêté (1). Parvenus à ce cap, ils se dirigèrent à l'est, y trouvèrent une ile, l'outrepassèrent, et découvrirent aussitôt une grande terre. Dès qu'ils furent à portée de vue, un homme vint à eux dans un canot semblable à ceux des Groënlandais. Ils n'en purent rien apprendre, sinon qu'il était habitant d'un immense continent. Deux jours ils suivirent la côte sans trouver un bon mouillage ; et le troisième, une tempête les repoussa jusqu'au Kamtschatka.

Cette navigation ne laissait plus aucune incertitude sur la séparation des deux continens par

______

(1) Découvertes russes, pag. 169 et suiv.

un détroit qui communiquait aux mers polaires. La Russie néanmoins, vu la longueur des distances par terre et le mauvais état des routes, devait attacher un grand intérêt aux moyens de passer d'une mer à l'autre, en partant directement d'Archangel ou de tout autre port moins éloigné que ceux de l'Anadir ou d'Ochotzk. Elle ordonna donc des armemens pour les quatre missions suivantes :

1°. Se rendre d'Archangel à l'Oby.

2°. De l'Oby à l'Ienissey.

3°. De la Lena à l'Ienissey.

4°. De la Lena au Kamtchatka.

Ainsi toutes les limites maritimes russes devaient être parcourues et déterminées.

L'investigateur Behring fut nommé le principal régulateur de ces quatre navigations, et devait en diriger personnellement une cinquième, dont l'objet était le passage par le nord.

La première mission fut remplie sans grandes difficultés.

La seconde en éprouva beaucoup, et n'aurait pu jamais être achevée, si le capitaine Ouzin, que l'on en avait chargé, n'eût été secouru contre les glaçons et les courans venant de l'est, qui s'opposaient à ce qu'il doublât le cap Matzol. Son navire cependant n'avait que quinze pieds de largeur, sur une longueur de soixante et douze pieds.

### TROISIÈME MISSION.

---

## *La Nouvelle-Zemble ne tient pas au continent.*

---

Prontschischtschew , à qui la mission de venir de la Lena à l'Ienissey était donnée , *ne put sortir que de l'embouchure à l'aspect de l'est : toutes les autres étaient impraticables au 27 juin* , jour de son départ. Ce navigateur , retardé par cet obstacle , et par quelques autres , ne parvint qu'à l'Olenck pour la saison de l'hivernage ; il l'y passa sous le 72°, au mois d'août de l'année suivante 1736. Il vit l'Anabara dont il franchit les eaux. Ce fleuve, dans beaucoup de cartes , n'a pas d'embouchure déterminée ; de sorte qu'avant ce voyage , on pouvait croire qu'il se perdait dans des sables formant un isthme par lequel la Nouvelle-Zemble était présumée tenir au continent asiatique.

Après avoir outrepassé l'Anabara , Prontschischtschew laissa de même derrière lui la Chatanga , rivière qui se rend à la mer à l'ouest de l'isthme supposé par les géographes , et parvint jusqu'à l'embouchure de la Piasida. Cet officier, déja malade , mais encouragé dans ses espérances par l'amour et les soins d'une épouse adorée qui l'accompagnait , voulut outrepasser l'Archipel que forment, à peu de distance de cette rivière, quelques îles, produit des détrimens qu'elle charie et que le courant de la mer porte à l'ouest, et gouverna jusqu'à la dernière de ces îles à 77° 25′.

## Mort du brave Prontschischtchew et de sa courageuse épouse.

Là, tout espoir de pénétrer plus avant lui fut enlevé, parce qu'il était environné de glaces, mobiles à la vérité, mais tellement serrées qu'un canot avait peine à se placer entr'elles. Son embarras s'accrut encore par l'épaisseur des brouillards : son retour à l'embouchure de l'Olenck fut donc un parti forcé. Peu de tems après qu'il y fut arrivé, il y mourut de fatigue, et son épouse y périt de douleur.

Les emplois honorables ou lucratifs restent peu vacans, et celui de Prontschistchew fut bientôt occupé par Chariton Laptien. Il avait ordre de doubler le cap de la Taimura ; et, s'il ne pouvait passer outre, de décrire par terre le reste de la côte. Si l'on en croit sa relation, il a éprouvé les mêmes difficultés que son prédécesseur, et n'est parvenu que jusqu'à la Chatanga. Cependant il a fait la description qui lui avait été demandée, et les géographes qui l'ont précédé, et qu'il n'a pas contredits, ont marqué la Chatanga et la Piasida comme aboutissant l'une et l'autre dans une mer absolument libre, à l'est jusqu'à l'Oby. De telles méprises ne se conçoivent pas. D'ailleurs on n'a fait connaître les détails ni des obstacles éprouvés par Laptien, ni de ses mesures pour les surmonter ; son naufrage même est, comme ses opérations, vaguement rapporté par Gmlin, qui déclare ne pouvoir s'expliquer davantage. Mais M. Euler a donné l'assurance qu'il a été lui-même informé du succès de l'expédition des Russes dans la mer glaciale (1).

## Observations sur la Nouvelle-Zemble et sur ses parages.

Au reste, la partie de cette mer, qui borde la Nouvelle-Zemble au sud, en offrant dans certaines saisons, un moyen de communication facile, par le cabotage, entre les différens ports de la Russie jusqu'au cap Oriental qui sépare l'Asie de l'Amérique, ne présenterait aucun avantage au commerce des autres nations.

(1) Transactions philosophiques de 1747.

Il est bien certain que, sans de très forts bâtimens, leurs navigateurs ne pourraient parvenir
jusqu'au détroit de Weygatz, et dès qu'ils y seraient entrés, il faudrait, pour continuer à faire
route par la mer qui sépare la Nouvelle-Zemble
du continent russe, prendre d'étroites et longues
felouques.

Depuis quelques siècles seulement, la Nouvelle-Zemble, qui s'avance journellement vers le
nord, s'est formé des abondantes matières que les
fleuves de la Sibérie ont détachées du sol qu'ils
baignent, et que la mer a rejetées sur le rivage, à
mesure que les eaux fluviatiles voulaient les intro-
duire avec elles dans son sein. Après quelques
années, ces dépôts, auxquels la mer joint ses
propres détrimens, s'affaissent jusqu'au - dessous
de son niveau : dès-lors, filtrant à travers les dépôts plus récens, qui forment encore digue, elle
vient recouvrir les plus anciens, tandis que, d'un
autre côté, les fleuves y répandent également,
avec leurs eaux, des sables qui feraient échouer
tout bâtiment de forte dimension.

Ainsi, la troisième mission que nous considérons comme remplie complétement, et qui,
pour la Russie, était d'un haute importance, ne
peut plus en avoir qu'une très-faible pour tous
les autres commerçans européens. Mais c'est toujours une connaissance précieuse pour les arma-

teurs et pour les navigateurs, que celle des détails sur des mers qu'ils pourraient desirer de fréquenter.

---

QUATRIÈME MISSION. 1735.

---

Lassenius chargé de la quatrième mission, qui consistait à passer de la Lena au Kamtschatka, et conséquemment entre les deux continens, quitta l'embouchure de ce fleuve le 6 août 1735. Il voulait gouverner à l'est nord-est ; mais les vents, la mer et les glaçons qu'elle chariait, le contraignirent à siller au sud-est, et bientôt l'approche de l'hivernage le fit songer à s'abriter. A cet effet, il s'arrêta sur la rivière de Charanlach où son équipage et lui périrent du scorbut.

Pour successeur, la cour de Russie lui donna Dmetri Laptien, qu'il ne faut pas confondre avec Chariton Laptien qui suivit la troisième mission.

Dmetri se mit en mer le 15 août 1736 ; et après quarante heures de navigation, les glaces qui abondaient du nord-est, le forcèrent à rentrer dans la Lena.

Cependant M. Muller recherchant, comme on l'a vu, dans les archives d'Iakutsch, avait trouvé des preuves de navigations effectuées, sur la mer glaciale, de la Lena jusqu'à Kolima, par des marins du pays qui construisaient, à cet effet, de très petites barques appelées dotchenikos : plusieurs marins, encore résidens, faisaient de ce cabotage leur état; et l'un d'eux, questionné par M. Scherer, sur les difficultés de cette navigation, avait répondu qu'elle était facile pour qui la tenterait; qu'il suffisait de choisir la saison, et de suivre le long des côtes, pour trouver un canal dans lequel feraient voile les vaisseaux les plus considérables.

Communiqués au ministère de Russie, ces renseignemens augmentèrent encore son ardeur pour connaître exactement le littoral de ces mers. Laptien fut même appelé à Saint-Pétersbourg, afin d'y recevoir des instructions particulières, et qu'aucun événement ne pût exposer à la publicité.

Il a toutefois été répandu que cet officier avait eu l'ordre de dresser une carte, en suivant par terre sa description, lorsqu'il ne pourrait pas la continuer par mer.

Bien instruit alors des intentions de la cour, il revint par terre sur la Lena. Le 29 *juillet* 1739, il s'y embarqua de nouveau. Dès qu'il eut passé les embouchures du fleuve, il dut lutter *sans cesse contre les glaces flottantes*, avant de parvenir jusqu'à l'Indigirska dont il détermina les quatre entrées à la mer , sous le 72° 2′ de latitude ; il jeta l'ancre à soixante verstes de terre, ne pouvant en approcher davantage. Bientôt le bâtiment, environné de glaces, fut abandonné par l'équipage qui voulut hiverner à terre. Les habitans du pays se montrèrent obligeans. Au printems de 1740, Laptien reprit sa route , mais employa de petits bateaux du pays, qui, dans peu de tems, le portèrent à la Kolima. S'avançant de là par terre, dit la relation, lorsque la voie de mer était impraticable , il parvint à l'Anadirskoi, complétant de cette manière sa description géographique.

De telles opérations, chacun peut le concevoir, ont pu demander, lorsque la mer n'était pas tenable , que Laptien continuât ses travaux par terre; mais il n'en paraît pas moins constant qu'il est des saisons où , comme l'a naïvement déclaré à M. Scherer le marin du pays , la navigation de cette mer n'éprouve pas de difficultés. Que Gmelin et Muller s'accordent ou non sur les détails du voyage de Laptien , il n'en est pas moins vrai que cet intéressant investigateur a répondu parfaitement aux vues de son souverain , et qu'il en a dignement été récompensé (1).

Résumant donc les résultats de ces quatre mis-

______

(1) Voyez la préface de Gmelin.

sions , on a la certitude que d'Archangel on peut communiquer par mer , en certaines saisons , jusqu'à l'Anadir; et si l'on joint à ces résultats celui du voyage de Behring en 1727, on saura que, des mêmes ports, on peut se rendre à Ochottzk.

## 1741. — *Russie.* — BEHRING. N. E.
### ( *Cinquième mission* ).

On a vu que ce navigateur devait remplir une cinquième mission , qui faisait suite en quelque sorte à son premier voyage pour la découverte. On lui donna cette fois, à Ochotzk , une conserve commandée par Tschirikow. Ce dernier capitaine atteignit la côte d'Amérique par 56° de latitude et 240° de longitude. Il était parti du port Saint-Pierre Saint-Paul avec Behring le 4 juin 1741.

Le 20, une tempête les avait séparés. Tschirikow ne pouvant même tenir, quelques jours après , contre les vents , fut obligé de s'éloigner d'une terre où il avait laissé plusieurs hommes , et de revenir sur Awatscha, puis sur le port Saint-Pierre Saint-Paul, où il rentra le 9 octobre 1741.

Le commandant Behring essuya plus d'infortunes encore. Environ un mois après sa séparation forcée de sa conserve, il découvrit une terre dont il ne put s'approcher que le 20 juillet. Des baraques en planches, quelques outils, et même des traces d'hommes, l'instruisent que le pays est habité; mais, bien qu'il voie de la fumée sur des côteaux, comme on parait avoir fui à son approche, il reprend sa route : derrière d'autres îles, les montagnes de l'Amérique semblent dessinées sur l'horison. Le 4 septembre, vers cinq heures du soir, des cris font remarquer de petits canots semblables à ceux du Groënland et du détroit de Davis. Les hommes qui les montent parlent; mais on ne les comprend pas : les Tschutschis et les Koreikis, que Behring avait embarqués pour servir d'interprètes, essaient vainement de se faire entendre. Quelques présens sont offerts aux habitans du pays, en usant de la précaution de placer les objets sur des planches : ils acceptent et remettent en échange des bâtons terminés par des ailes et des pattes de faucons. Examinés de près, les bateaux sont reconnus pour être formés de cuir de chien marin; ils sont montés par un seul homme, qu'une seconde peau de chien marin enveloppe et serre au point que l'eau ne peut pénétrer. Les Sauvages n'ont ni arc ni flèches; un seul avait à sa ceinture un couteau sans pointe et arrondi à son extrémité : leurs habits sont faits de boyaux de baleine pour les couvrir depuis le col jusqu'aux reins, et de peau de chien marin pour cacher leurs reins et leurs cuisses.

Le lendemain 5 *septembre*, Behring passe à

d'autres îles ; mais il est *obligé de gouverner au sud*. Depuis lors, les vents sont presque toujours ouest-sud-ouest ou ouest-nord-ouest, aspects où sont placés les monts de la Sibérie et ceux de l'Amérique, à l'égard des mers du Japon et de la Californie, où doivent, en septembre, saison de ces vents, se précipiter les frimats de ces régions élevées.

En octobre, Behring essuie une tempête de dix-sept jours. Le 29 du même mois, il aperçoit, malgré le brouillard, des îles qu'il prend pour les Curiles ; et cette méprise lui faisant porter le cap au nord, occasionne la perte du paquebot. Le 4 novembre, on découvre terre ; les rochers qui la bordent font courir au navire les risques d'être mis en pièces : par fortune, un flot le jette par dessus le récif, dans une eau calme où l'on mouille à trois cents brasses de terre. On cherche une place pour l'hivernement : beaucoup de malades du scorbut et Behring lui-même qui en est attaqué, périssent misérablement dans cette île qui porte, depuis ce tems, le nom de cet illustre navigateur. Le navire échoué est dépecé, pour en former une barque sur laquelle ceux des gens de l'équipage qui n'avaient pas succombé, se rendent, l'été suivant, au Kamtschatka : ils y arrivent le 27 août 1742.

1757. — *Angleterre*. — Nidleton. N. O.

Durant les navigations de Behring , l'anglais Dopps, passionné pour la découverte du passage, auteur de la relation d'un voyage de Skroggs , dans laquelle de nouvelles vues étaient énoncées, et plein du zèle que lui donnaient , d'une part , sa conviction complète , et de l'autre , son désir de voir les navigateurs de son pays précéder, dans ce passage , les investigateurs des autres nations, obtint assez de crédit pour déterminer d'abord la compagnie anglaise à confier deux navires à Nidleton pour faire , deux années de suite , des recherches dans la baie d'Hudson , 1°. au cap Whale-Cove, 2°. en se portant à huit ou dix lieues à l'est-nord-est du Whale-Bonpoint, vers les parties où la mer avait été vue sans glace. Il négligea ces objets, ne tira nulle induction d'une marée de 22 pieds sur une côte sise par 63° de latitude, et ne porta son attention que sur le Welcome, le wager et l'abondance des baleines dans ces parages. Des marins plus habiles qu'il ne l'était , avaient publié, beaucoup avant lui , ce que contient sa relation.

1746. — *Angleterre*. — Schmitt , Moore , Ellis. N. O.

Dopps était trop ardent pour se désister de son

plan ; il le présenta , non plus à la compagnie , mais à différens particuliers qu'il sut persuader séparément , et réunir ensuite pour armer deux bâtimens ; l'un d'eux devait porter le savant Ellis : la baie d'Hudson était encore le lieu de la recherche.

On partit le 2 août 1746. *Une mer de nord-est les contraria ;* le scorbut les inquiéta ; l'eau de goudron , mais la bière encore plus , les en soulagea dans le port Nelson où ils vinrent se rétablir. L'accueil plus que froid du gouverneur du fort d'Yorck , les persuade que la compagnie de la baie voit avec inquiétude leur entreprise ; ils restent néanmoins dans le port jusqu'au 22 juin 1747.

A cette époque ils commencent leurs recherches : nulle ouverture ne se trouve ni au Whale-Cove , ni dans la baie de Rankin. On envoie les chaloupes à l'ouest de l'île de marbre , dans un enfoncement placé sous le 64° de latitude. A son entrée, l'espace entre les côtes est de trois à quatre lieues. Plus loin , à huit lieues ou environ , la largeur est presque double de celle de l'entrée : sa direction , d'abord nord-nord-ouest, prend ensuite plus de l'ouest à dix lieues au-dessus; la largeur devient aussi peu considérable que celle de l'entrée : cependant les côtes semblent s'ouvrir derechef; mais, comme les eaux y perdaient leur salure, il fut jugé superflu de s'avancer davantage.

M. Ellis qui n'était pas sur les chaloupes, observa que la douceur des eaux pouvait provenir des neiges ; il était frappé surtout de la remarque faite que sur douze heures de flux, le reflux survenant arrêtait, pendant deux heures, l'ascension ou la retraite des eaux (1). Quant à la question relative à la salure des eaux, M. Ellis avait fait constater que la mer, à quelque profondeur, conservait sa salure, quoiqu'elle eût de l'eau douce à sa surface. Il revint donc, persuadé qu'il y avait un passage dans ce long enfoncement.

1753. — *États-Unis de l'Amérique.* — Le navire *l'Argos.* N.O.

De tous les peuples curieux de trouver le passage en cet endroit ou tout autre de la baie d'Hudson, aucun n'avait un intérêt plus ardent que les Anglo-Américains ; ils le sentaient ; et n'ayant pu réussir par mer dans un voyage où le navire *l'Argos*, sorti de Philadelphie, reconnut

---

(1) Pour rendre compte de ce phénomène et de plusieurs autres effets extraordinaires du flux et surtout du reflux, il faudrait connaître non seulement la configuration et la hauteur des inégalités qui sont à ciel ouvert, et qui heurtent la mer dans son flux, mais celles que ses eaux rencontrent dans leur propre sein, et qui tiennent à leur fond.

la terre de Labrador, ils formèrent le projet d'une exacte perquisition par terre. Un corps devait être à cet effet institué; mais les prétentions de la métropole avaient déjà disposé les esprits à s'affranchir du joug qu'aggravait son altière ambition ; et ce plan relatif aux découvertes, fut pour longtems ajourné dans les États-Unis.

Mais la compagnie de la baie d'Hudson donna suite, en quelque sorte, à ce projet de recherches par terre. M. Hearne, envoyé par elle dans la même baie, fit près de cinq cents lieues, et sut des Sauvages que l'Amérique Septentrionale se prolonge beaucoup au nord-ouest de cette baie.

1776. — Angleterre. — Cook.

Six ans après, le navigateur Cook entreprit son voyage autour du Monde. Chacun sait qu'il a donné peu d'espérance de trouver le passage dans les baies d'Hudson et de Baffin ; mais que ses bâtimens ont vu plus d'une fois du détroit de Behring, d'un seul coup-d'œil, les terres d'Amérique et celles d'Asie; qu'ils se sont alternativement portés de l'une à l'autre, et qu'ils ont fait l'observation que les côtes du Nouveau Monde s'étendent sur la longitude de 198° jusqu'au-delà de 70° de latitude, et que la terre, dans le mois d'août, y est bordée de glaces.

Il serait superflu de faire aucun autre extrait de

ses relations. Nous croyons même avoir déjà cité beaucoup trop de faits : à plus forte raison nous abstiendrons - nous d'en relater d'après des gazettes, telles que celle de France du 16 octobre 1772. Mais nous ferons observer que celle de Berne a fixé l'attention des penseurs par des réflexions sur la grande réserve du cabinet de Saint-Pétersbourg. Sa discrétion , au reste, n'a rien que de rassurant pour les habitans de la Russie ; c'est pour eux une nouvelle preuve de la sagesse des vues de leur gouvernement. Cette pièce parut sous la date du 9 septembre 1778.

Trois mois après , le professeur Crœsenstein fut invité par M. le comte de Schuwalow de dresser une carte pour déterminer la route à suivre dans les recherches du passage par le nord-est. Le géographe la dirigea dans le plus grand cercle, depuis Kola droit à Tschutschi - Noss, en passant peu loin du pôle, au milieu entre l'est Spitzberg et la Nouvelle-Zemble (1). Ce fut peut-être une copie de cette carte que M. de Buffon reçut du même comte de Schuwalow.

Après avoir lu , aujourd'hui même 4 octobre 1818, que les bâtimens de l'expédition entreprise pour découvrir le passage par le nord à l'Océan

_______________

(1) Voyage to the Nord-East , pag. 45. Mémoire sur la navigation , pag. 7 et 8.

Pacifique, étaient seulement à 75° 20', quoique,
dès le 7 juillet dernier, on l'eût déjà vu à 73° 11',
je crains beaucoup qu'ils ne passent bien triste-
ment l'hivernage, si bientôt ils ne remettent au
printems prochain la reprise de leur navigation.
Le capitaine Peckel qui les a quittés le 2 août,
rapporte qu'*ils font tous leurs efforts* pour parvenir au terme de leur voyage.

Nous avons terminé le précis de toutes les navigations qui ont précédé celles-ci , sans voir
aucun navigateur arriver à des hauteurs aussi
voisines du pôle que celles qu'ont atteintes beaucoup de bâtimens employés à la pêche. Nous
croyons donc qu'il sera très-utile, à raison des
inductions que l'on peut en tirer, de présenter
ici le tableau de ces hauteurs. Quelques-uns de
ces pêcheurs s'y sont élevés, poussés par les vents
et par la marée ; certains autres, en poursuivant
des baleines : enfin, il en est qui, mus par une curiosité louable , ont profité de l'intervalle d'une
pêche à l'autre , durant le tems de l'amour de ces
cétacées , pour voir ces régions dont les poëtes
disaient :

> *Frigus iners illic habitant pallorque tremorque ,*
> *Et jejuna fames.*

Ces braves pêcheurs cependant n'ont aperçu
qu'une vaste mer sans terre et libre de glace. Mais

n'était-ce pas vers le ciel, n'était-ce pas à la surface des eaux et jusque dans leur sein, qu'il fallait
porter ses regards? Soumis à des influences différentes, les effets physiques n'y sauraient être
les mêmes que dans les régions qui nous sont fa-
milières. Pourquoi n'y trouverait-on pas des espèces inconnues de genres dont nous n'avons pas
même l'idée? Un pendule à la main, on en cal-
culerait les diverses vibrations, et on n'aurait
plus de doutes sur leurs causes; on ne verrait plus
ces imposantes marées dont les retours périodi-
ques, réglés, comme nous l'apprennent les savans (1), sur les mouvemens du soleil et de la lune,
décident des momens de l'abord et du départ : le
flux et le reflux semblent là méconnaitre les lois
qui les déterminent ailleurs.

Mais hâtons-nous d'offrir des faits qui constatent
que la navigation des mers polaires n'est pas dangereuse.

---

(1) M. de Laplace, *Mécanique céleste.*

# TABLEAU

*Des Latitudes australes auxquelles des Navigateurs se sont élevés.*

| INDICATION DES NAVIGATEURS. | DATE de l'Observation. | LATITUDE. | CIRCONSTANCES ET DÉTAILS SUR L'EXACTITUDE DES OBSERVATIONS. | OUVRAGES D'OÙ ELLES SONT TIRÉES. |
|---|---|---|---|---|
| Les Hollandais vont au Spitzberg. | 1596...... | 80°..... | Cette latitude au N.-N.-O. de la pointe d'Harkluyl convient aux baleines. Ces énormes cétacées seraient beaucoup trop tourmentés sous les grands cercles; on les y trouverait souvent échouées. | *The probabil of reach to the nord-pole* 44, 45, 46 et 60. |
| Martens, de Hambourg . . . | 1671...... | 81..... | A la vue des îles, des glaces fixes l'arrêtent; il se croit fort près de terre; le vent et le courant amènent des glaçons de l'Est. | *Voy. au N.,* 11, 25, 26, 4.. *Adelungs Geschicht der Schiff,* 436. |
| Hunle, de Hambourg. . . . . | 1722...... | 81..... | Suivi de deux Hollandais, il sille entre les glaçons; deux baleines y sont harponées. | |
| Corneille Gilles, Cluni. . . . | 1746...... | 82, 50. | A 25 lieues au N. des sept îles, la mer est ouverte et sans glaces. | *The probab. of reach* 96, 101, 105, *Engl. nahricht.* 243. |
| Benjamin, Jos. et Thomas Egdo. | 1613, 1614. | 83..... | L'aiguille aimantée reste fixée au verre de la boîte. | Traité de la Navig., 37. Orient. Ind. XII. *Theil.* 127. |
| Le Capitaine Guy et Jean Adam. | 1754...... | 83..... | Du haut des mats voient une mer vaste et libre; le vent du sud les poussait. | *Id.* XIII *Theil.* 42, 45. |
| Stephens, . . . . . . . . . . . | 1773, 13 Mars. | 84..... | A la fin de Mai, un vent de S.-S.-E, les chasse au N.-N.-O. du Spitzberg; leurs habits ordinaires les garantissent assez du froid : ils ne voient plus de terre, et plus ils s'avancent au Nord, moins ils voient de glaces. | *The probab. of reach* 109, 111, etc. |
| Hans Derrick, Hollandais. . . | 1759...... | 86..... | En compagnie de quatre autres bâtimens, dont un prit dix-huit petites baleines, ils ne virent que quelques éclats de glaces flottantes. | *The probab.* 46. |

| | | | | |
|---|---|---|---|---|
| Les Hollandais . . . . . . . . | 1650 à 1654 | 83 . . . . | Des Hollandais continuant la queste de ce chemin N. Oriental, ayant pris le large en haute mer, et fuyant les côtes de terre, toujours empêchées de glaces qui bouchent les passages, ont pénétré jusqu'au 83me. degré, et c'a été sans autre fruit, que de simple curiosité. *Les Hollandais qui, depuis quelques années, ont trouvé ce passage, le tiennent secret entr'eux, et le cachent aux autres, si est-ce qu'ils ne peuvent empêcher que le tems n'en découvre la vérité.* | *Bergeron, Traité des Tart.,* p. 124, 125. |
| Monlon, Anglais . . . . . . | 1750 . . . . . | 83 . . . . | Pour aller en Chine, a gouverné droit au pôle, où il a trouvé une haute mer sans aucune glace. | Buffon, *Hist. Nat.,* t. 515 |
| Capitaine Johnson . . . . . | 1689 à 1691 | 83 . . . . | A fourni au docteur Patrick des observations sur les dégrés du froid au 88e. degré, pour son Thermomètre. | *The probab.* 50, 52, 51. |
| Hollandais . . . . . . . . | 1665 . . . . . | 83 , 56 . | Les Hollandais ont soustrait les renseignemens qui pourraient éclairer sur la route qu'ils tenaient le plus souvent pour leur retour de la Chine et du Japon. Lorsque l'on forma le projet de navigation pour la recherche du passage, la Compagnie des Indes produisit aux États généraux des journaux qui constataient que l'on avait atteint une hauteur de 88°. 56'. | *The probab. ef reach* 49). |
| Deux Hollandais et Goulden . . | 1655 à 1656 | 89 . . . . | Ne trouvant point de baleines à l'est de l'île d'Egede, les deux Hollandais s'élèvent jusqu'à un degré du pôle; ils y trouvent une mer ouverte et libre. | Déclaration faite au Roi d'Angl. Charles II. Voy. au N. p. 11, 289, 290. |
| Wesley et 5 Capnes. Hollandais . | 1766 . . . . . | 89 , 50 . | Ils déclarent que la mer, a cette latitude, est aussi franche de glace que celle où ils pêchent ordinairement. En ce passage des Hollandais, il n'y avait ni terre ni glace; tout était eau. | *The probab.* p. 19, 25, 44, 45. |
| Les Maron et un Hollandais . . | 1652 . . . . . | On fait le tour du pôle. | En attendant qu'il y eût assez de poisson pour son chargement, on lui donna l'ordre d'aller avec son bâtiment vers le pôle; il navigua autour à deux degrés de distance, et ne vit ni terre, ni glace. La chaleur lui semblait égale à celle d'Amsterdam pendant l'été. | Voy. au Nord, T. II. p. 230. Dissertation de Moyse 16... |

( 92 )

On aurait pu joindre à ce tableau beaucoup
d'autres relations, mais toutes aussi connues que
celles dont il est formé, parce que les marins qui
les ont faites étaient privés des connaissances nécessaires pour apprécier l'importance des moin-
dres détails fournis sur des régions inconnues,
et sur des localités uniques. On a vu, d'ailleurs,
quelles précautions, même plus que sévères, les
Hollandais ont prises, afin de détourner les idées
qui auraient pu se porter vers des routes qu'ils
voulaient fréquenter seuls. Vaines précautions !
Pouvaient-ils empêcher qu'après des nuits de six
mois, qu'après des froids dont l'excès semble arrêter le mouvement vital et détruire son principe,
ne reparussent des jours qui s'agrandissent insensiblement, et qu'en même tems une chaleur
nouvelle ne pénétrât, d'une manière aussi me-
surée, tout ce que ces longs jours éclairent ?

Ces calculs d'une aveugle cupidité pouvaient-ils
retarder d'un seul instant le retour d'une température graduée, qui, favorable aux insectes même,
dissout les congellations qui les avaient groupés,
et d'où soudainement ils s'élèvent en tourbillons
vers les premiers rayons d'un soleil qui ne les
quittera plus ? Pendant ce jour, égal en durée à
ceux d'une année des autres régions, pourquoi
donc la nature serait-elle impuissante ? Les êtres
qu'elle anime auraient-ils tous abandonné ces

lieux? Quoi! les baleines poursuivies se réfugient
aux pôles, et vous vouliez en interdire l'accès aux
navigateurs! Sachez, hommes avides, que de
toutes les combinaisons, les seules vraies, les
seules durables sont celles de la sagesse éternelle,
dont les anciens eux-mêmes reconnaissaient les
oracles!

*Illic animalia pusilla cum magnis, illic naves pertransibunt.*

Ps. 103. v. 25.

Mais dans quelle saison partiront les vaisseaux
destinés à faire route par le pôle? Quelles lois de
la nature seconderont les investigateurs? Les ré-
ponses à ces questions se trouveront dans la troisième et dernière partie de ce travail.

## DES MOUVEMENS DE LA MER.

Il est concevable que la mer ait des mouvemens simples ou composés, apparens ou véritables.

### Des mouvemens simples.

Les mouvemens simples de la mer ne pourraient s'effectuer qu'à des latitudes où, libre sur

tous les points du cercle qu'elle parcourrait, elle ne serait arrêtée, soit à ciel ouvert, soit dans son propre sein, par aucune barrière qui mettant obstacle à la direction de ses eaux, pût les faire accumuler et les refouler; car le mouvement, dès-lors, cesserait d'être simple. Aussi pourrait-on, à la rigueur, prétendre qu'il n'existe pas de mouvement absolument simple de la mer.

Tous les savans néanmoins représentent comme tel celui qui se fait de l'est à l'ouest, et dans un sens opposé conséquemment à celui de la rotation diurne de la terre.

Leur accord avec le sentiment des marins sur l'existence de ce mouvement de la mer de l'est à l'ouest, nous dispenserait de tous détails étrangers au secours que peuvent en obtenir les investigateurs du passage par le nord, si, pour donner une idée juste des autres mouvemens, il ne fallait pas établir d'abord que celui-ci n'est qu'apparent. Il suffira, pour s'en convaincre, de faire quelque attention aux rapports qui peuvent exister entre le mouvement diurne de la terre, et celui des eaux qui nous occupe en ce moment.

## Du premier mouvement apparent de la mer.

Si les eaux de la mer suivaient exactement le mouvement diurne de la terre de l'ouest à l'est, en aucun tems, et sous aucune latitude, elles ne paraîtraient en avoir un particulier, puisqu'en nous supposant placés sur un char qui, parcourant une route avec une vîtesse donnée, serait suivi avec la même vîtesse par un autre char tenant au premier par un lien solide, nous les présumerions tous deux immobiles, en ne prononçant que d'après les apparences; mais au lieu d'être ferme, si ce lien était d'une telle ductilité qu'il s'allongeât par le tirage, et qu'il ne communiquât plus au second char qu'une partie de l'action qu'il recevrait; dans ce cas, la marche de ce dernier char cesserait d'être aussi prompte que celle du premier, et le ralentissement qu'il éprouverait nous paraîtrait une véritable rétrogradation, moins forte à la vérité que celle des objets fixes devant lesquels nous passerions. Ainsi l'apparence du mouvement de la mer de l'est à l'ouest, est un effet du retard qu'apportent les eaux dans leur obéissance à la rotation diurne de notre globe.

Dans cette obéissance, elles ne sont pas seules

tardives : la lune, en nous offrant le même phénomène, nous fournit la preuve d'une rétrogradation apparente de 28 sur 29 : la terre elle-même,
avant d'avoir complété son cours annuel, s'y voit
devancée quatorze fois par les rayons solaires ;
mais sans élever autant nos regards, nous pouvons
observer que les substances qui recouvrent im-
médiatement la terre, ou celles qui l'environnent,
sont d'autant moins exactes à suivre ses mouvemens, qu'elles sont plus éloignées de sa surface,
ou qu'elles y sont moins adhérentes : la résistance
de la vase, des limons et des sables, est même
très-sensible, aux deux époques du solstice, par
leur agitation au fond de la mer qu'ils soulèvent,
et par le trouble qu'ils répandent généralement
dans ses eaux, et qui les prive, en peu de momens, de leur transparence ordinaire.

Ces phénomènes, moins remarquables et moins
observés que ceux du flux et du reflux, parce
que leurs périodes sont plus éloignées, et qu'ils
éprouvent des modifications relatives aux localités, dépendent de la même loi qui détermine
le mouvement apparent de la mer de l'est à l'ouest,
et à laquelle sont assujéties les substances mues cir-
culairement autour d'un pivot commun. Toutes,
dès qu'elles sont plus ou moins mobiles, sont nécessairement plus ou moins tardives dans leur
obéissance.

Les physiciens de l'antiquité, frappés des effets
de cette loi sur les eaux, s'étaient persuadés
qu'elles avaient une tendance à l'immobilité......
*Nequeant gravitate moveri*, disaient-ils.

Mais ces suppositions et ces abstractions, con-
venables pour rendre moins étrange la pensée
d'identifier avec le flux le mouvement général
apparent de la mer d'orient en occident (1), ne
sont plus nécessaires lorsqu'il s'agit des contrées
hyperboréennes. En effet les navigateurs y rencontrent journellement des bois et des glaçons
qui, lancés au loin dans la mer, par les rivières et
les torrens, flottent constamment de l'est à l'ouest,
et pourraient, étant plusieurs fois observés, fournir
des données pour calculer le retard des eaux dans
leur obéissance au mouvement diurne du globe.
Dans ces mers, les remarques seraient plus fa-
ciles, attendu que l'espace que parcourent, sous

---

(1) Ce mouvement apparent de la mer éprouve, indépen-
damment des obstacles qui s'opposent à son libre exercice,
des modifications qui varient avec les latitudes ; elles sont
dues, comme on le sait, à la présence des deux astres qui
nous éclairent. Sans recourir aux lois de l'attraction, celle
de la pesanteur qui, des deux côtés nord et sud de la lune
surtout, fait agir l'air, suffit, dans le cas de la rotation, pour
expliquer un pareil effet, et sa diminution progressive, en raison
du rapprochement des pôles. Tous les mouvemens doivent
devenir moins vites, puisque les cercles sont de plus en plus
étroits.

( 98 )

les eaux , les parties de la surface solide , étant beaucoup moins considérable , la rétrogradation apparente de la mer doit diminuer dans la même proportion , et suivant leur volume.

Il faut cependant qu'elle soit très-sensible , puisqu'Ellis et Fox, divisés sur beaucoup d'autres questions, étaient d'accord sur celle de l'existence du mouvement des eaux d'orient en occident : les physiciens conviennent aussi qu'il rend la navigation vers l'occident fort prompte , et le retour difficile. Pour expliquer mécaniquement , en quelque sorte , ce phénomène , les marins se contentent de faire observer que le premier mouvement de l'eau la porte en sens opposé à la direction que l'on fait prendre au vase qui la contient. Mais c'est revenir sur des faits prouvés et consentis , au lieu d'indiquer en quoi le mouvement de l'est à l'ouest peut être favorable ou contraire aux navigateurs.

Tous ceux qui, pour la recherche du passage , persistèrent à gouverner à l'est , essuyèrent des naufrages plus ou moins complets ; et le hollandais Teunisen , qui d'abord avait suivi la même route , ne s'est soustrait au sort de ceux qui l'ont précédé , qu'en repassant promptement le 9 août 1625, le détroit de Nassau qu'il venait de franchir.

Nous avons aussi vu Willongby , cet intrépide marin, céder aux vents et à la mer du nord-ouest, porté par eux sur la Nouvelle-Zemble où il périt glacé; Olivier Brunel, parti pour faire la découverte du même passage qu'il supposait à l'est, fut trouvé mort sur le Petzora, dans l'année qui suivit son départ de Hollande en 1586. Dix ans après, Barentz, effrayé d'abord des monts de glaces ambulantes qui menacent de l'écraser, les évite en gouvernant à l'ouest; mais l'année suivante, il lutte vainement, pour entrer au Weygats, contre des glaçons affluant de l'est, et meurt victime de sa résistance aux avis du capitaine Rypp, commandant de sa conserve. Wood, en 1675, perd sa frégate, en voulant éviter les glaçons qui le repoussaient vers l'ouest. Enfin, on sait ce qu'ont souffert les explorateurs envoyés par le ministre russe, pour la description de l'est à l'ouest d'une partie de la Sibérie : quoiqu'ils suivissent leur route en allant terre à terre, ainsi qu'on le pratique avec les bateaux propres au cabotage, ils se sont vus obligés de traîner leur canot sur les glaces, quand elles cessaient d'être séparables; plus d'une fois même, pour compléter la reconnaissance du pays, ils ont été contraints de se faire mettre à terre. Malgré toutes ces précautions, trois d'entr'eux ont péri victimes de leur zèle à remplir leur importante et difficile mission.

Au contraire, les investigateurs Forbisher, Davis, Anchild, Weymouth, Edge et Pool,

Gibbons, Baffin et Bylet, Munck, Fox et James, Hudson, Stroogs, Nidleton et le savant Ellis, qui, dès leur point de départ, gouvernèrent à l'ouest, secondés dans leur navigation par le mouvement apparent de la mer, ne rencontrèrent ni glaçons ni bois flottans, arrivèrent en un tems fort court, les uns sur les côtes du Groënland, les autres dans la baie d'Hudson; et s'ils ne firent pas la découverte du passage, du moins ils indiquèrent les lieux où toute recherche ultérieure qu'on ferait serait vaine ou dangereuse.

On dirait donc avec bien de la raison, en parlant des mers polaires, d'après les faits seuls, et sans remonter aux causes plus ou moins évidentes, que les navigations à l'ouest y sont secondées par les vents et par la mer, et que celles à l'est y sont longues et périlleuses.

Dans d'autres régions, le même mouvement apparent de la mer de l'est à l'ouest, et que nous considérons ici séparément du reflux, pour ne pas heurter les idées reçues, se fait remarquer par des effets qui prouvent son existence aussi manifestement qu'elle est constatée, dans les mers du nord, par le flottage des bois et par celui des glaçons. Ces effets, fussent-ils inutiles pour remplir nos vues, ne seraient pas ici mal-à-propos mentionnés, tant ils sont curieux et singuliers. Croirait-on, si des hommes à qui la plus entière confiance est due, ne l'attestaient, que des plantes, des fruits, des graines, des ponces, des coquillages, abandonnent les côtes occidentales des contrées dont ils sont indigènes, pour se rendre, avec des limons et des varechs, sur les côtes orientales des iles et des continens opposés ? Ainsi l'Amérique prend journellement de l'accroissement à sa partie orientale ; et, d'un autre côté, les dépouilles des andes et ses fruits, portés par les eaux de la mer Pacifique, qui s'éloigneraient de ses rivages, si continuellement elles n'y étaient rappelées par les lois de la pesanteur et de l'équilibre, vont établir des archipels dans des mers éloignées de ces plages tranquilles, tandis que rien, jamais rien, de ce qui se détache des terres sises à l'aspect de l'est, n'est conduit par la mer sur une terre opposée.

Mais nous pourrions tirer nos exemples de faits qui se passent presque sous nos yeux. Si nos spéculateurs, estimant le sol de la Corse tout ce qu'il vaut, se déterminaient à choisir ses belles plaines de l'est pour y former des établissemens d'agriculture, ils s'apercevraient qu'elles s'élargissent constamment, et s'enrichissent, non pas seulement des débris que les roches calcinées de cette ile fournissent à ses torrens, mais des limons de ceux de l'Italie, que la mer a soulevés dans ses momens de tourmente, et qu'elle dépose ensuite sur les humbles rivages de la Corse , avec des ponces et d'autres pierres cellulaires qui ne se trouvent que dans les îles de la Toscane et de la Ligurie.

Ces mêmes torrens de la Corse parviennent rarement dans une ligne directe jusqu'à la mer : la généralité de ceux qui, des montagnes, se rendent dans les plaines orientales, repoussés par les sables, par les vagues et par les varechs dont la mer a voulu se débarrasser , se divisent en de nombreux canaux , pour s'insinuer moins difficilement dans son vaste sein ; et ne pouvant y pénétrer , perdent souvent leurs noms avec leurs eaux , dans d'infects marais ou dans de fangeux étangs. Les bouches nombreuses du Danube , du Volga, du Chingoma, de l'Orénoque, de la rivière des Amazones et de cent fleuves plus ou moins fameux , présentent les mêmes accidens produits par les mêmes causes du mouvement apparent des eaux de l'orient à l'occident. Ici l'analogie nous autorise à parler de deux autres mouvemens apparens de la mer, qui s'effectuent également en sens opposé à ceux de la terre, et par la même cause du retard des eaux dans leur obéissance à toute autre tendance qu'à celle qui les porte vers le centre du globe.

*De deux autres mouvemens apparens de la mer.*

De six en six mois, le globe terrestre passe des signes méridionaux vers les signes septentrionaux. Dans ce transport rapide, qui fait parcourir à la terre roulante sur elle-même, un espace de plus de 25 mille lieues par heure, puisque dans l'année composée de 8,766 heures, elle décrit un orbite de 206,144,880 lieues, peut-on penser que la mer, dont nous connaissons maintenant la résistance au mouvement diurne de rotation, et le retard qu'elle apporte à l'effectuer, obéisse avec la même ponctualité que les substances solides, à l'impression de mouvemens d'une si grande célérité? Nous concevons qu'il faudrait, pour constater cette lenteur, distinguer d'abord les matières qui, par leur nature, ont une tendance centrifuge, de celles qui n'ont cette tendance que lorsqu'elles éprouvent un mouvement de rotation, etc.; mais on est d'autant plus éloigné de songer à des entreprises aussi relevées, aussi longues, aussi difficiles, qu'on a des faits qui ne laissent plus d'incertitude sur la réalité des deux mouvemens apparens dont il s'agit. C'est encore des navigations effectuées pour trouver le passage, qu'on obtiendra les preuves qui le rendront le plus incontestable.

Trois fois Davis part avant le 22 juin , et se dirige au nord-ouest. La terre, avant cette époque du solstice d'été, descendait encore vers les signes septentrionaux , et chaque fois il trouve une mer qui , mue en sens opposé à la marche du globe , ou du moins tardive à la suivre, porte avec promptitude et sans obstacle ce navigateur jusqu'à 71 et 72° de latitude. Mais à peine le solstice est-il passé, que Davis est entraîné par une marée qui le fait descendre au sud avec une égale célérité. Barentz met à la voile le 18 mai pour se porter au nord, et déjà le 2 juin il se trouve à 71° de latitude. Le 28 mai, Wood s'embarque , et son navire avait atteint le 75° et 59 le 21 juin. Le lendemain précisément , et ce fait a été remarqué , parce que la coïncidence est frappante , des glaces, pour la première fois durant sa navigation, s'opposent en tel nombre à la continuation de sa route , qu'il est forcé de rétrograder et de suivre avec elles le courant qui les charie vers le sud-ouest. Quatre jours après il se trouve repoussé à 144 lieues vers le sud. On peut donc encore se dispenser ici de rechercher les causes , puisque les faits suffisent seuls pour convaincre de la facilité de se porter vers le pôle avant le solstice d'été, et du nord au sud dès que cette époque est passée.

Mais si , après avoir réfléchi sur ces faits, on se représente la configuration des grands promontoires aigus de l'Amérique, de l'Afrique et de l'Asie, on concevra qu'ils la doivent principalement à l'action d'une mer affluant par tous côtés du pôle antarctique.

Si les mêmes échancrures ne paraissent pas aux extrémités septentrionales de l'Asie, quoiqu'elle ait plusieurs promontoires fort aigus (1), c'est parce que les hautes plaines de ce continent ont fourni, depuis un certain nombre de siècles, aux fleuves qui les sillonnent, de nombreux détritus qu'ils portent à la mer, et dont elle s'est fait à elle-même de très-larges barrières. La configuration des continens et les circonstances des navigations se réunissent donc pour prouver que la mer a, du sud au nord et du nord au sud, deux mouvemens alternatifs, contraires en apparence à ceux de la terre.

Cette donnée peut servir à l'explication du débordement du Nil précisément à l'époque du solstice d'été. On concevrait encore, par la même cause agissant alors dans une direction opposée, le débordement du Rhône, six mois après, durant l'hiver; et si le gonflement de ce fleuve est moins notable que celui du Nil, on peut l'attribuer à la proximité de Gibraltar, détroit par

---

(1) Le cap Matzol et ceux dont l'avancement au loin dans la mer, forme le golfe de Taimura.

lequel se rétablit promptement le niveau des deux mers.

Ces deux fleuves, au surplus, comme ceux des côtes septentrionales de la Russie, tels que la Lena, l'Indigirka, l'Ienissea, la Piasida, l'Anabara, l'Olenk, et tous les autres fleuves des diverses contrées du globe, lorsqu'ils se dirigent dans le même sens que l'un des trois mouvemens de la terre, éprouvent de grands obstacles pour faire arriver leurs eaux jusque dans le sein de la mer. Presque partout l'opposition qu'elle y met, les détourne, les divise ou les en sépare, en établissant devant eux des barrières qui les convertissent en étangs et quelquefois en marais ; tandis que les fleuves dirigés de l'est à l'ouest ont rarement plusieurs embouchures, soit dans les mers sujettes aux flux et reflux, soit dans les mers plus tranquilles.

Par les mêmes causes, les plaines dont les bords sont baignés par la mer à l'aspect de l'est, à celui du nord, comme à celui du sud, reçoivent des accroissemens beaucoup plus sensibles que celles qui sont assises à l'occident.

Quand il s'agit de desséchemens, les effets dont on vient de rendre compte doivent être scrupuleusement examinés ; mais il convient que les navigateurs les étudient avec un soin particulier, surtout s'ils se proposent de s'occuper de la recherche du passage. Il leur est également utile d'observer les effets des mouvemens vrais.

## Des mouvemens vrais de la mer.

On a su par le résultat des sondes jetées en divers parages, que la mer couvre non seulement des vallées qui sont la suite de celles qui se voient à ciel ouvert, mais des ravins, des côteaux, des profondeurs plus ou moins grandes, et des monts, les uns isolés, les autres formant entr'eux de longues séries. Du choc de ces inégalités contre les eaux que leur lenteur à suivre la rotation diurne y fait affluer, et surtout de celui des terres continentales, résultent la plupart des mouvemens véritables et composés de la mer. Leur force et leur durée varient, ainsi que leur direction, à raison de la distance d'une des inégalités à l'autre, de l'élévation qu'elles ont, de leur configuration aux points de contact, etc., c'est-à-dire, à l'infini (1) : des volumes ne suffiraient pas si on vou-

_____________

(1) En effet, si, pour un moment, on suppose que, dans son mouvement circulaire de l'est à l'ouest, la mer, sous certaine latitude, rencontre un seul obstacle, dans ce cas, celui des côtes de cette barrière qui regardera l'orient, heurtant les eaux venues de l'est à l'ouest, les poussera, par refoulement.

lait en mentionner les différences. Ces mouvemens
dans les mers polaires, moins peut-être que dans
les autres cependant, influent sur le succès que
peuvent avoir les navigations qu'on y fait pour la
recherche du passage.

Après avoir dit plus haut qu'à la rigueur, à
raison de la simultanéité des mouvemens de la

---

à la rencontre de celles qui, parties du côté occidental de
l'obstacle, suivent le mouvement général de l'est à l'ouest ;
et comme cette rencontre ou ce choc s'effectuera vers le milieu de la course, les eaux, à partir de ce point de rencontre,
reflueront infailliblement de part et d'autre, et retourneront
aux deux côtés de la même barrière. Qu'il y ait plusieurs obstacles, ou qu'ils occupent un espace très – considérable, on
verra dès-lors s'établir entre l'affluence des eaux qu'ils arrête-
ront et le refoulement qui s'ensuivra, des flux et reflux dont
la durée sera proportionnelle tant aux distances qui sépareront
ces barrières, qu'à l'espace qu'elles occuperont. Le premier
phénomène n'est pas hypothétique pour ce qui se passe au
détroit de Magellan ; deux marées s'y rencontrent, parce que
le cap que ce détroit sépare du continent américain, est
l'unique barrière qui, sous la même latitude de ce cap, puisse
arrêter la marche apparente de la mer de l'est à l'ouest. La seconde hypothèse de la pluralité des obstacles et des effets qui
s'ensuivent, cesse pareillement d'être une supposition pour
ce qui se passe sur les côtes de l'Europe, de l'Afrique et
d'Amérique, où le retour des marées est proportionnel aux
distances des côtes, et ces réalités paraissent annoncer un
grand rapport entre le flux de la mer et le mouvement général
de ses eaux de l'est à l'ouest, si toutefois ce n'est pas une
complète identité.

rier, il n'en existe pas de simple, on ne peut se
dispenser d'entrer dans quelques détails sur ses
mouvemens composés.

---

## Des mouvemens composés de la mer.

---

Les mouvemens composés de la mer sont, les
uns seulement apparens, les autres véritables.

---

## Des mouvemens apparens composés.

---

Ils sont l'effet, comme on l'a vu, du retard de
la mer à suivre les mouvemens réels que la terre
effectue ; et comme celui de rotation diurne est
simultané successivement avec l'un des deux autres, du sud au nord ou du nord au sud, il s'en-
suit que la mer semble avoir deux mouvemens
composés, savoir, l'un de nord-est quand la terre
passe des signes méridionaux vers les signes septentrionaux (1), et l'autre de sud-est, lorsque le
même globe descend des signes septentrionaux

---

(1) La mer de Kara sous la Nouvelle-Zemble lui doit sa
configuration.

vers les méridionaux. On distingue facilement
cette dernière direction dans celles du golphe
Persique et de celui de Venise. On reconnaîtra
même, outre cette direction, le refoulement que
les épaulemens ou contreforts des deux continens
de l'Afrique et de l'Amérique, font éprouver aux
eaux du canal de la mer Atlantique qui les sépare :
et si l'attention se porte sur les sinuosités de ce
vaste canal, on n'est plus étonné de trouver les
fèves des Moluques et celles de Guinée, les noix
de coco et celles d'acajou, les bâtons de casse,
les graines noires des Indes, et jusqu'aux madrépores de l'Asie, sur les plages de l'Irlande, de
l'Angleterre, du Schetland, de la Norvège et de
l'Islande ; mais suivons notre examen.

### Des mouvemens composés véritables.

Les mouvemens composés réels se sont établis,
1°. par l'obéissance, quoique lente, que la mer
prête aux mouvemens du globe; 2°. par le choc
que, dans son retard, elle reçoit des inégalités
solides de ce globe; 3°. par l'influence du soleil,
et plus particulièrement de la lune, tardive elle-
même à suivre les mouvemens de la terre. On
pourrait également attribuer le même phénomène

à la pesanteur de l'air. Au reste, plus considérables sous la zone torride, à raison du rapprochement plus direct de ces deux astres, et d'une rapidité plus grande à parcourir l'espace, ces mouvemens s'affaiblissent à mesure qu'ils s'éloignent de la zone torride, et leur différence graduée dépend encore, dans ses variations, de la hauteur et de la configuration du sol avec lequel la mer est en contact.

Suivre toutes ces différences, serait une entreprise d'une trop longue exécution, et l'on est forcé de se borner aux données générales qui résultent nécessairement, je ne dirai pas de la théorie (1), mais des faits jusqu'à présent exposés. On va donc les résumer pour en déduire les règles à observer dans les navigations vers les mers polaires.

---

(1) Elle paraîtra fort étrange à bien des personnes : aussi je ne la publie qu'avec la crainte d'être dans l'erreur, et je ne la présente que dans une brochure dont l'exiguité annonce la modestie, et à la faveur de faits que chacun peut vérifier. J'avais eu la témérité de vouloir la mettre en évidence il y a quelques dix ans ; mais je m'estimai trop heureux de pouvoir me retrancher bien vite derrière un monument égyptien, dont l'exécution et la beauté me rendirent excusable, comme on peut l'être lorsqu'avant d'être reconnu pour adepte, on touche au voile des mystères sans l'afféterie que donnent les prétentions exclusives.

1°. Les eaux de la mer ont des mouvemens qui paraissent opposés à ceux de la terre.

2°. Le mouvement diurne de la terre la portant d'occident en orient, et la mer n'obéissant que lentement à ce mouvement, cette dernière semble avoir un mouvement contraire à celui du globe terrestre, et conséquemment elle paraît se porter d'orient en occident.

3°. A l'époque du solstice d'hiver, la terre se dirigeant des signes septentrionaux vers les signes méridionaux, la mer, à la même époque, doit paraître se mouvoir du sud au nord, à raison de son retard à suivre le mouvement de la terre.

4°. Au solstice d'été, la terre revenant des signes méridionaux vers les septentrionaux, la mer, à la même époque, doit paraître se mouvoir en sens opposé.

5°. Les vents alizés, qui pareillement soufflent en sens opposé à la direction du globe, autorisent à penser que les vents suivent en général les mouvemens de la mer.

De la configuration que peut avoir, en différentes régions, la surface du globe, tant à ciel ouvert que sous les eaux, naît, dans l'application de ces principes, une infinité de variations. Cependant elles sont peu nombreuses sur les hautes montagnes, dans les mers libres de terres, et surtout au-delà des latitudes de la Nouvelle-Zemble, du Groënland et de la Californie, pays dont les glaces, chaque année, renouvellent les obstacles sur les routes suivies jusqu'à ce jour. Il nous reste à parler de la plus sûre pour arriver au passage, et de la saison convenable au départ.

## De la route à suivre.

En se dirigeant à l'est, on aurait une mer contraire, et l'on serait exposé continuellement à lutter contre les glaçons. Il serait même à craindre que les bâtimens, s'ils n'étaient pas de la plus grande légéreté, ne s'engravassent sur les sables que les grands fleuves de la Russie déposent inconstamment loin des bords de la mer. D'un autre côté, les recherches dans la baie d'Hudson et dans celle de Baffin par les plus intrépides investigateurs, laissent peu d'espérance sur la découverte que l'on pourrait y faire d'un passage libre de glaces, et praticable en plusieurs saisons. Dans ces régions, le passage même n'est pas nécessaire, pour le maintien de l'équilibre des mers Atlantique et Pacifique; et quoique le détroit de Behring, en opposition à celui qui sépare le Groënland de la Norvège, suffisant pour la libre communication de ces mers, ne détruise pas l'opinion des savans sur l'existence de plusieurs autres détroits, nous désirons que, sans s'exposer dans les mêmes baies à d'ultérieures recherches de passages, on s'en rapporte à la sagesse des États-Unis de l'Amérique pour ces recherches ; ils les feront avec fruit, en donnant suite au projet déjà formé par eux de l'établissement d'un corps d'investigateurs armés.

La crainte de voir les navires surpris entre les glaces, nous détourne aussi du conseil de longer les côtes du Groënland ; elles doivent, après le solstice d'été, se garnir des glaçons descendus des hautes plaines de la Sibérie, de ceux qui se sont détachés de la Nouvelle-Zemble, des caps aigus dont l'avancement forme le golfe de Taimura, des terres des Tchutschkis, et même de ceux des côtes septentrionales de l'Amérique.

Reste donc le parti de se diriger de suite vers le nord. Les navigateurs assez éclairés pour se placer au-dessus des craintes importunes et des tristes erreurs des préjugés, rassurés par les rapports pleins de franchise des marins, que des événemens inattendus ou la curiosité seule ont portés jusqu'au-delà du Spitzberg, par ceux des pêcheurs de baleines qui s'élèvent annuellement à des latitudes dont nous avons présenté l'intéres-

( 115 )

sant tableau, ne croiront pas plus aux gouffres
enflammés qu'une imagination superstitieuse pla-
çait jadis aux pôles, qu'aux montagnes glacées
fantastiques, dont le vulgaire le croit environné.
Confians, au contraire, dans le calcul des géo-
mètres et dans les découvertes des physiciens, ils
penseront, avec ces savans (1), que les mers polaires sont praticables. Et combien de motifs n'a-
t-on pas pour se le persuader?

1°. La grande difficulté de congeler l'eau de
mer sans mélange d'eau douce, et celle-ci trouvée
à la surface de la mer, loin des côtes mêmes,
tandis que l'eau était fort salée à quelques pieds
de cette surface.

2°. Le rapport du pôle, quant à la chaleur,
au niveau de la mer, avec une élévation de
800 toises seulement sous la latitude de Paris.

3°. La parité trouvée par le docteur Halley, de
la chaleur, isolément considérée, d'un jour de
24 heures au pôle, avec un jour de 12 heures
au 53°. degré de latitude.

4°. L'accroissement considérable que donnent
à cette chaleur d'un jour de 24 heures, les longues
insolations d'environ deux cents heures tant avant
qu'après le solstice d'été.

_______________________

(1) Maupertuis, de Mairan, Halley, Buffon.

5°. Une insolation, longue en effet, mais à la vérité toujours interrompue au Spitzberg placé sous le 82e. degré de latitude, où néanmoins, avant le solstice d'été, Barentz et Rypp admirèrent des eaux courantes qui serpentaient entre de verts gazons, et de belles prairies où paissaient des animaux de différentes espèces.

6°. La fuite des baleines vers le pôle arctique.

7°. La diminution du froid en raison de l'éloignement des terres, quoiqu'en gouvernant au nord.

8°. La distance moins grande du centre du globe aux pôles, qu'à tout autre point de la surface de la terre à raison de leur aplatissement, et conséquemment la présomption grandement fondée d'un froid moins considérable à ce point que par-tout ailleurs, toute autre proportion observée (1).

---

(1) Appuyé du sentiment énoncé par M. le comte de Laplace, dans le mémoire qu'il a lu le 30 mars dernier à l'académie des sciences, nous avons la conviction *que la terre est parvenue à prendre à la longue une figure stable et un mouvement de rotation, parce qu'une légère résistance proportionnelle aux vitesses relatives des molécules fluides, introduit dans les expressions analytiques de ces vitesses, des exponentielles du tems décroissantes, et qui finissent par amener un état permanent.* Nous pensons également, puisque

9°. La mer vue, non seulement par les pêcheurs de baleines, mais par tous les navigateurs

---

le même savant le croit *grandement probable, qu'en vertu
d'une chaleur excessive, toutes les parties de la terre ont été
primitivement fluides.* — Cependant, avec ces trois données
de chaleur excessive, de fluidité, de rotation, je ne peux pas
voir par induction que *les couches les plus denses se soient
portées vers le centre.* Il me semble, au contraire, que les
parties extérieures, en contact avec l'air, ont été les premières
refroidies, qu'elles ont empêché les autres de l'être aussi
promptement; que celles-ci, garanties de cette manière, et
persistant dans un état d'expansion et de dilatation, laissaient
se fixer à la croute ou voute formée par le refroidissement,
celles de leurs substances qui étaient les moins volatiles, et que
cette déperdition successive avait amené le globe à l'état d'une
géode creuse. A quoi bon d'ailleurs cette superfluité de matière
solide remplissant cette boule immense? Les lois de l'épargne
y seraient contraires, tandis qu'un foyer de calorique, au milieu d'un ballon affermi par une forte enveloppe métallique,
rendrait concevables les phénomènes de la végétation par
l'action alternative du soleil et de l'air de la nuit, ceux des
éruptions volcaniques, de la minéralisation, des eaux ther-
males, etc. Il est vrai que la prompte imagination ferait presque
tous les frais de cette théorie.

Cependant elle pourrait s'appuyer de quelques faits. Je
pourrais moi-même la faire valoir, en lui laissant expliquer la
formation de petites boules creuses que j'ai vues, dans l'origine, s'échapper, fluides, en étoiles brillantes, d'un minerai
en forte incandescence. Je les ai saisies, se refroidissant
dans un espace de tems proportionné à leur volume. Si, de la

qui se sont élevés au-delà de la latitude du Spitzberg, libre de glaces, parce qu'alors elle ne re-
cevait aucune eau douce.

Quelques personnes penseront peut-être que
la sagesse divine, en créant les hommes sociables
et sensibles, n'a pas mis entr'eux des barrières
trop longues ou trop dangereuses : elle a pu vouloir en effet que, pour les franchir, il leur fallût
essuyer des fatigues; mais nul doute que celui
dont le courage n'en sera pas effrayé, ne dé-

---

proportion des mètres, ce volume eût passé à celle des milliers
de lieux, le refroidissement se serait effectué durant des milliers de siècles, et, dans tous les cas, l'intérieur aurait été
long-tems le foyer d'un calorique susceptible d'expansion. Mais
je vais encore beaucoup trop loin, et mon imagination commet,
outre des erreurs, sans doute le délit des incursions, au lieu
de se borner à présenter des faits, puisqu'il ne lui est pas donné
de remonter aux lois, ni des lois aux forces. Cependant, comme
il est incontestable aujourd'hui que les pôles sont applatis, il
en résulte, soit qu'il y ait un foyer de calorique au centre de
la terre, soit que les couches les plus denses s'y soient portées, que, vu l'excès de la chaleur ancienne dont il était pénétré, elle n'est pas entièrement dissipée; et que le pôle arctique stationnant moins long-tems que l'antarctique dans les
régions glacées, il est de tous les points de la surface terrestre,
celui qui reçoit le plus abondamment de cette chaleur cen-
trale : donc il doit s'y trouver une mer plus libre de glaces que
dans les autres mers septentrionales, voisines des terres continentales.

couvre, durant les jours de six mois dont elle a favorisé les mers polaires, la même distribution de bienfaits qui, partout où nous sommes parvenus, se sont offerts à notre admiration. Les règnes se compensent l'un par l'autre ; et si nous trouvons dans une contrée quelqu'élément avare de bienfaits, un autre élément nous prodigue abondamment ses utiles richesses. Cet ordre constant de répartition des biens de la Providence, et de leur communication prompte et facile dans toutes les parties du globe, semble un moyen digne de l'auteur de toutes choses, pour l'exercice de la sociabilité. Dès-lors les hommes liés par leurs besoins mutuels, sont tous occupés à s'entr'aider : le nord communique au sud, l'orient avec le couchant : les nations commerçantes conviennent de leur réunion dans les points intermédiaires d'un facile accès : la distance n'est plus un obstacle ; les voyages moins longs, moins périlleux, sont plus fréquens ; les relations multipliées s'effectuent enfin avec une promptitude, semblable à celle que la nature apporte elle-même pour le développement des productions hyperboréennes, et pour la maturité de leurs fruits en très-peu de tems. Nous allons voir que ce tems est encore plus que suffisant pour faire les plus grandes opérations commerciales, en en

ployant moitié moins de jours, en parcourant
moins d'espace, en s'exposant à beaucoup moins
de dangers.

*Des saisons propres aux voyages.*

Dès le solstice d'hiver, on pourrait, s'il ne
s'agissait que de saisir une mer et des vents favorables pour naviguer au nord, se préparer à faire
voile sans attendre la belle saison ; mais tenter le
voyage en hiver serait courir à des dangers certains, et les affronter follement sans nécessité.
Fort loin des terres, en effet, on trouverait glacées toutes les eaux fluviatiles qui sont, par la
rapidité de leur cours et par leur légéreté relative, entraînées souvent à de grandes distances de
leurs embouchures : et comment, au milieu de
très-longues nuits, éviter d'être conduit entre ces
glaces, et de s'y trouver enserré sans pouvoir de
long-tems s'en dégager, s'il survient vers le matin
des froids assez vifs pour congeler les eaux jusqu'à l'épaisseur de six à huit pieds? Il est donc
de la prudence d'attendre des jours plus grands
et une température moins rigoureuse, puisque,
durant les six mois du solstice d'hiver à celui

d'été, le mouvement de la terre s'effectuant du nord au sud, celui de la mer doit porter en sens opposé les navires qui sont destinés à suivre cette dernière direction. C'est vers l'équinoxe du printems que les pêcheurs de baleines se mettent en mer. Il convient aux investigateurs, nous le pensons du moins, de suivre, tant pour le départ que pour la direction, l'exemple de ces marins. C'est vers le nord qu'ils se dirigent: c'est droit au nord qu'il faut gouverner : sur cette route et loin des terres, les glaces ne forment aucun obstacle : à l'époque du printems, elles sont encore toutes adhérentes aux plages orientales, et ne vont pas s'accumuler sur celles de l'occident. Mais, quel qu'en soit le gissement, toute terre est à fuir ; c'est entr'elles, c'est loin d'elles qu'il faut naviguer pour arriver à des mers plus denses, plus tranquilles, plus libres et sous un ciel plus doux.

Vingt jours suffisent, au printems, pour atteindre le but glorieux (1); et quelle récompense la nature n'accordera-t-elle pas à celui que le courage y conduira; peut-être lui dévoilera-t-elle plusieurs de ses mystères. La mer, l'air, la terre, s'il en existe là, les cieux, tout à lui

---

(1) La promptitude de Barentz à se rendre vers le nord et à descendre au sud, en est la meilleure preuve.

se présentera sous un nouvel aspect : la mer ,
qu'il n'en craigne pas le repos absolu; l'inégalité
des eaux fluviatiles qui s'y portent, du solstice
d'hiver à celui d'été, la forcent, pour l'établissement de l'équilibre, à la constance d'un mouvement; mais celui de l'est y sera-t-il sensible? S'ef-
fectuera-t-il à la surface seulement? Se commu-
niquera-t-il jusque dans les profondeurs? Seront-
elles considérables ? Non, sans doute; autrement
des courans l'annonceraient au loin, et les marins
qui se sont le plus approchés du pôle, n'ont
aperçu du haut des mâts, qu'une mer libre et
beaucoup plus calme qu'en aucune des régions
de l'Océan Pacifique : combien de poissons de
toute espèce, de toute grandeur, s'y réunissent!
Quels coquillages, quels madrépores, quelles
plantes ne s'y trouvent-ils pas ? Mais si du sein
des eaux s'élèvent quelques terres, de quels végétaux, de quels minéraux, de quels animaux
les chaînes incomplètes de ces êtres ne seront-elles
pas enrichies? Quelles précieuses dépouilles ap-
portera de cette terre vierge le premier qui la
touchera ? Et s'il y trouvait d'autres hommes,
ah ! combien il se garderait de s'en faire craindre !
comme il chercherait à se faire aimer ! Il ne serait
pas étonnant qu'il apprît d'eux que l'hiver même
ne les oblige pas à vivre sous terre ; que pendant

toute sa durée, on est rarement privé de la lu-
mière douce de la lune , ou de celle qui jaillit des
feux magnifiques des aurores boréales. Il saurait
qu'après l'équinoxe, la terre se pare de fleurs,
bientôt suivies d'excellens fruits qui suffisent aux
quadrupèdes terrestres et aux amphibies énormes
de ces parages; il verrait des fossiles dont les ana-
logues sont dans des mers éloignées , des coqui-
lages fraichement péchés qui ne se retrouvent
plus ailleurs que dans les falunières ; il interro-
gerait les poissons, les insectes, les oiseaux, les
reptiles : satisfait sur tout, peut-être même que
sa boussole diversement agitée , suivant qu'il la
placerait différemment, lui ferait connaître le
berceau du magnétisme. Les douces agitations de
la mer lui indiqueraient leurs rapports avec les
mouvemens terrestres, lui expliqueraient comment les végétaux du sud , portés d'abord aux
mers polaires , peuvent ensuite être péchés dans
des courans qui vont du nord au sud. Mais déjà
le solstice est arrivé; déjà la lourde surface des
mers descend de tous côtés vers le sud, et se rem-
place par des eaux inférieures : il s'en aidera pour
rechercher pendant trois semaines encore des mers
inconnues , sans oublier néanmoins qu'il doit
peu s'écarter du méridien qui passe au détroit de
Behring ; car si le vent et la mer restent favorables

au large, il est à craindre que, près de terre, les
neiges qui tombent en août, ne le repoussent vers
des contrées peu propres à l'hivernage; et si ,
durant ses perquisitions , tant avant qu'après le
solstice , il n'a pas découvert quelqu'autre passage
plus vaste entre les îles des deux continens de
l'Amérique et de l'Asie, la prudence doit lui faire
abandonner, avant le 15 août , les mers polaires,
pour s'abriter dans les ports des mers médi-
terranées : le printems suivant , après avoir
terminé ses affaires commerciales , il pourra reprendre la même route; il y trouvera les vents
et la mer favorables : il les trouverait même tels
pour revenir par le cap , si ses intérêts l'y appe-
laient ; car le vent et la mer le porteraient à l'ouest ;
mais cette navigation est étrangère à la catégorie
de celles dont nous avions à parler , et nous reve-
nons au courageux investigateur par le pôle nord.

Dès qu'il l'a passé , ou qu'il s'en est approché
pour redescendre ensuite par un détroit quel-
conque qui conduise à la mer Pacifique, son nom
se place à côté de ceux des Colomb et des Magellan : par lui la route nouvelle des Indes est
ouverte ; un système plus parfait d'équilibre com-
mercial s'organise : bientôt les communications
du nord au sud , réglées d'après les mouvemens
de la mer , se font d'accord entre les nations ;

elles réservent pour le cabotage seul les transports
de l'ouest à l'est, si des courans ou des vents
particuliers ne les favorisent pas régulièrement :
bientôt les rapports de tous les hommes indus-
trieux se multiplient, et deviennent plus moraux.
Après les effets surprenans du simple passage par
le cap de Bonne-Espérance et par le détroit de
Magellan, que n'aurait-on pas droit d'attendre de
celui qui s'effectuerait par le pôle? Oui, le marin
courageux qui le premier foulera ce point intact,
fera la gloire de sa nation et fixera les regards de
l'univers.

FIN.

# TABLE DES MATIÈRES.

S ARCT
INDES PA
Mr CADET
eur-Géographe
CXIX

# CARTE DES MERS ARCTIQUES,

*POUR LES VOYAGES AUX DEUX INDES PAR LE POLE NORD,*

Dressée, d'après les vues de M.ᵉ CADET de Metz.

*Par M. POIRSON Ingénieur-Géographe.*

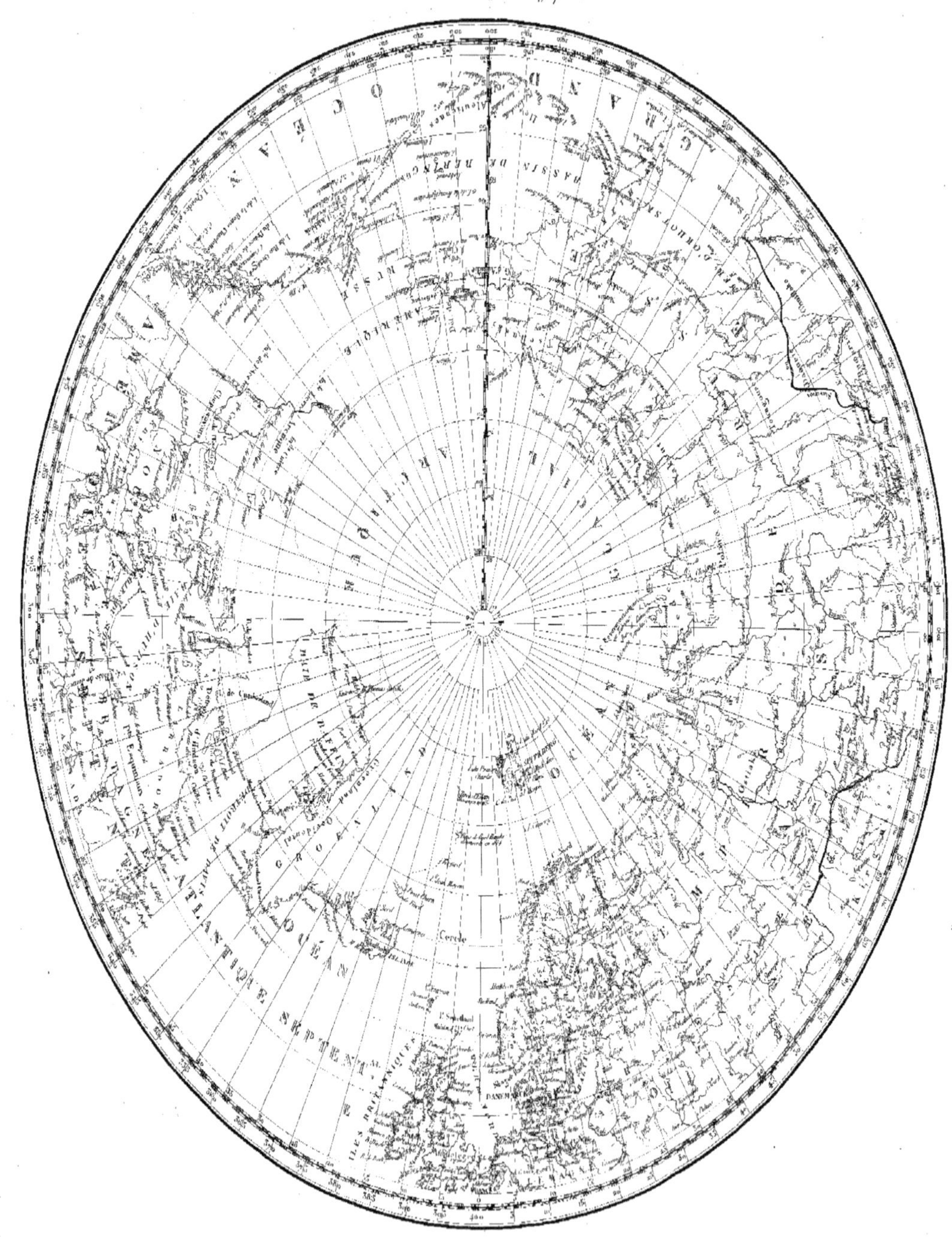

PARIS. MDCCCXIX.